移住創業と
地域のこれから

日本政策金融公庫総合研究所 編
桑本香梨／青木遥 著

刊行に当たって

　日本人は変化よりも安定を好む。一般論としてであれば、この点に異を唱える方は少なそうである。一つ所に住み続け、一つの職業で長年勤め上げることが美徳とされてきた面がある。そう感じるのは、私が昭和の高度成長期生まれだからだけではないだろう。しかし、平成、令和と時代が進むにつれて、人々の考え方が多様化してきているようにみえる。それを示す一つの現象が、本書が取り上げる「移住創業」の動きである。

　わが国の人口は、2050年代に1億人を切ると推計されている。すでに経営者の高齢化に伴って中小企業の休廃業数が増加し、「大廃業時代」の到来は目前に迫っている。特に影響が大きいのは、人口流出が続く地方圏である。地方創生の必要性が叫ばれるなか、切り札の一つと目されているのが移住創業である。大都市圏から移住者を呼び込み、彼らに事業を起こしてもらうことが、人口減少に歯止めをかけ、地域のコミュニティと雇用を守る手立てとして有効である点は、すでに広く認識されるところとなっている。

　「働き方改革」の点からも、移住創業は注目される。労働力人口の減少が進むなか、女性や若者、シニア、外国人など、これまで必ずしも労働市場の中心に置かれていなかった人たちも含め、多様な人材に自身のライフタイルや仕事観に合う働き方を選択してもらううえで、地方への移住とそこでの創業が現実的な選択肢となってきている。その背景には、情報通信技術の発達により、どこにいても自分のしたい仕事ができる環境になってきていること

が指摘できるだろう。

　くしくも、そうした動きに拍車をかけたのが、新型コロナウイルスの感染拡大である。三密が起こりやすい人都会を避け地方に移動する人の流れは明らかに増えている。テレワークを導入する企業が増えたことで、転職しなくとも地方に移って生計を立てることができるようになってきた。勤め先が大都市圏である移住者のなかからも、新たな生活エリアに関心をもち、そこで自分の夢やアイデアを起業のかたちで実現しようとする人が増えることも想像に難くない。

　移住創業は、地方創生、働き方改革、そしてポストコロナの三つの動きの結節点ともいえるものなのである。一方で当事者にとって移住創業は、生活の拠点を変え、そこで事業を立ち上げ、軌道に乗せるまでにさまざまな困難を伴う一大プロジェクトである。手前のたとえ話でたいへん恐縮だが、全国に152の支店がある、私ども日本政策金融公庫の職員は典型的な転勤族である。子どもが小さいうちは、転校で大変な思いをさせることもある。子どもが大きくなると単身赴任になり生活面では面倒が増える。しかし、まだ知らない新しい土地に行ってそこで仕事をするのは、実に楽しいものである。お客さまやご近所の方たちと交流し、皆さんが何かと助けてくださるからこそ、良い経験ができる。本編で紹介するアンケートとヒアリング調査の結果からも、移住創業の成功の鍵を握るのは、地域の関係者や住民の方たちのサポートに尽きるといっても過言ではないことがわかる。

　こうした移住創業の実態を明らかにし、支援策を模索する観点から、日本政策金融公庫総合研究所では複数の切り口で調査を行ってきた。本書はこれまでの分析結果をまとめたもので、構成は次のと

おりである。編集と執筆は当研究所主席研究員の桑本香梨と研究員の青木遥が担当した。

　まず、序章で移住創業を取り巻く環境を整理したうえで、第1部として当研究所が行った二つのインターネットアンケートの分析結果を紹介する。一つ目のアンケートは、地方の移住創業者を対象にしたものである。どのような人がどのような事業を起こしているのか、創業に伴う困難を乗り越えるためにはどのような取り組みが有効なのか、データから移住創業者の実態を描く。

　二つ目のアンケートは、移住創業者を受け入れる側である地方の住民にスポットを当てたものである。移住創業の成否には、移住創業者自身の取り組みもさることながら、彼らを受け入れる地域に暮らす人たちの意識も重要なポイントになる。地方に暮らす住民が移住者や移住創業者にどのような印象をもち、何を期待しているのか、調査の結果を読み解いていく。

　続く第2部では、先進的な地域の事例をもとに、移住創業と町おこしについて掘り下げる。事例は、北海道下川町、秋田県五城目町、千葉県いすみ市、岐阜県郡上市、富山県南砺市、和歌山県田辺市龍神村、山口県周防大島町、徳島県神山町、鹿児島県南九州市頴娃町の9地域で、2020年度から2021年度にかけて行ったヒアリング調査の結果をまとめたものである。コロナ禍のなかにもかかわらず、多くの皆さまに快くご協力いただいたことに改めて感謝申し上げる。

　いずれの地域も、移住創業者、住民、自治体が協働して、歴史や文化、特産物などを生かした町おこしを行っていた。第1部で浮き彫りになった移住創業における課題を具体的にどう克服しているの

か、移住創業者と地域のかかわり方や課題を克服していく過程にみられる各地域の共通項を探り、第2部のまとめとする。

そして第3部は、当研究所が主催した「日本公庫・研究フォーラム2021」の記録である。「広がる移住創業の可能性〜地方創生、働き方改革、ポストコロナの結節点〜」と題し、2021年11月にオンラインで開催した。三つの部分で構成され、第1セクションでは國學院大學観光まちづくり学部の准教授で地方移住の研究に長年携わってこられた嵩和雄氏に、地方移住を促す構造変化の潮流について詳しく解説いただいた。第2セクションで当研究所の研究成果を報告した後、第3セクションではパネルディスカッションを行った。パネリストには、嵩氏のほか、移住先の富山県南砺市井波で㈱コラレアルチザンジャパンを創業し、地域の伝統文化の継承に取り組んでいる山川智嗣氏、秋田県五城目町に移住して、町への移住者やその創業をサポートしている丑田香澄氏に登壇いただいた。第1、第3セクションの様子を当日の資料と合わせて報告する。

地域における経済活動の担い手の減少は、各地に根づく伝統文化の消失や里山の荒廃による環境悪化も招く。地域の活力を取り戻し、美しい原風景とともに後世に残していくためには、高まりつつある移住創業の機運を一過性のものにしてはならない。より多くの移住創業者が現れ、地域の一員として活躍の場を広げていくことが欠かせない。本書がその手がかりとなるのであれば幸いである。

2022年6月

日本政策金融公庫総合研究所
所長　武士俣 友生

目　　次

刊行に当たって

第3部　広がる移住創業の可能性
～日本公庫・研究フォーラム2021より～

◆ ◆ ◆

序章

◆ ◆ ◆

高まる移住創業への
関心と期待

1 高まる地方への関心

　2020年以降、今なお世界経済に大きな打撃を与えている新型コロナウイルスは、わが国で働き方の多様化の舵を一気に動かした。都心の企業を中心にテレワークの導入が進み、一部の業種では副業も推進されるようになった。密を回避する動きから地方志向も強まり、地方へ移住して都心にある勤め先の仕事をリモートで行うといった働き方も広がった。なかには、勤めを辞めて移住先の地方で自ら事業を起こすことに関心を寄せる人もいる。

　地方へ移住し創業する人が増えれば、地方の過疎化と都市部の過密化の緩和につながる。わが国の人口は、2050年代には1億人を切ると推計されており、人口流出が特に激しい過疎地は、対策を打たないでいれば存続さえも危ぶまれる。加えて、経営者の高齢化による休廃業数の増加を食い止めることも喫緊の課題となっており、移住創業者には、地域経済の担い手の一角として期待が寄せられる。

　とはいえ、生活の拠点を変え、そこで事業を始めて軌道に乗せるまでには、相応の困難が伴うに違いない。高まる関心を実際の創業に結実させ、地方経済の衰退を食い止めるためには、移住創業するうえで起こり得る問題を明らかにして有効な対応策を示したり、自治体や金融機関、地域の住民に求められるサポートの姿を整理したりしておくことが重要である。本書では、当研究所が実施したインターネットアンケートやヒアリング調査を用いて、複数の切り口から移住創業の実態を掘り下げる。それに先立ち、本章で移住創業を取り巻く現状について、既存のデータや論文をもとに概観したい。

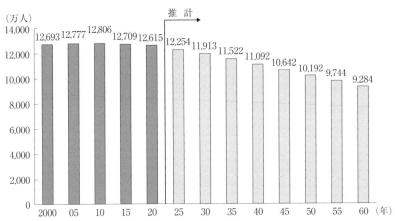

図-1　日本の人口の推移

資料：総務省「令和2年国勢調査」、国立社会保障・人口問題研究所「日本の将来推計人口
　　　（平成29年推計）」

2　縮む地方

　はじめに、わが国の人口動態について確認しておきたい。総務省
「令和2年国勢調査」によれば、2020年の人口は1億2,615万人で、10年
前から190万人以上減少している（図-1）。国立社会保障・人
口問題研究所「日本の将来推計人口（平成29年推計）」によれば、
10年後の2030年には700万人以上減って1億2,000万人を切り、さら
に四半世紀後の2055年には1億人を下回ることが予想されている。

　出生率の低下に伴う自然減が主な要因だが、地域別にみると、人
口が都市に流出する社会減の影響もみえてくる。2020年の人口を都
道府県別にみると、東京都、神奈川県、埼玉県、千葉県が全体の約3割
を占めている。総務省「住民基本台帳人口移動報告2021年（令和3年）」

で都道府県別に人口の移動者数[1]をみると、東京都、神奈川県、埼玉県、千葉県、群馬県、茨城県、山梨県、滋賀県、大阪府、福岡県を除く道府県で転出者数が転入者数を上回っており、特に広島県、福島県、長崎県などでその傾向が顕著である。

「過疎地域の持続的発展の支援に関する特別措置法」により過疎地とされた地域は、2021年4月時点で820市町村に上り、東京特別区を除く1,718市町村の47.7％を占める[2]。なお、過疎地は2015年までの40年間の人口減少率が23％以上、財政力指数が0.51以下といった要件で定義されており、820市町村のなかには、合併前の旧市町村が過疎地に該当する一部過疎やみなし過疎[3]も含まれる。

小林（2003）は、人口の規模や増加率、住民の平均年齢が、都道府県単位の開業率を左右すると報告する。人口が多い地域ほど、事業機会が形成されやすく新たな事業の担い手も増えるため、開業率が高くなる。また、若年層人口が多い地域ほど、将来の市場拡大に対する期待が大きくなり、開業率も高まると分析している。

小本（2007）も、世帯数と課税所得の増加率は、各都道府県の開業率と正の相関関係があることを指摘している。その理由として、世帯数や所得の増加は需要の増加や多様化の要因となるため、両者の増加率が高くなるほどビジネスチャンスが増えることを挙げている。さらに、ほかの年代よりも開業意欲が低くなる65歳以上の人口比率が高い地域では、開業率が低くなることも明らかにしている。

---

1 都道府県間の移動者数。
2 2021年3月末で期限を迎えた「過疎地域自立促進特別措置法」に代わり、新たに制定されたもの。旧法で過疎地となっていた817の市町村のうち45が過疎地を外れ、48が新たに過疎地に含まれることとなり、新法では820の市町村が過疎地とされている。
3 合併後の新市町村の一部が過疎地であり、その人口が全体の3分の1以上、または面積が2分の1以上といった要件を満たす場合にみなし過疎と定義される。

図－2　都道府県別人口と開業率

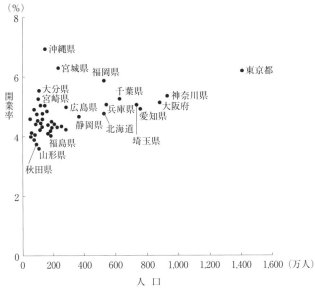

資料：総務省「令和2年国勢調査」、まち・ひと・しごと創生本部「地域経済分析システム
　　　（RESAS）」
（注）人口は2020年、開業率は2014〜2016年の値。

これらの先行研究から、人口が少なく高齢者比率の高い地域では、開業率が下がるといえる。

　実際、まち・ひと・しごと創生本部「地域経済分析システム（RESAS）」で都道府県別に開業率を比べても、上位には東京都や福岡県、神奈川県、千葉県といった大都市圏の都道府県が多い[4]。都道府県別に人口と開業率をプロットすると、人口が多い地域では開業率も高い右肩上がりの関係がみえる（図－2）。消費者や働き手

4　総務省「経済センサス−活動調査」（2014〜2016年）による。なお、RESASでは「創業比率」と記載。開業率の上位10地域は、順に沖縄県、宮城県、東京都、福岡県、大分県、神奈川県、千葉県、宮崎県、大阪府、兵庫県である。

を求めて企業が都市部に集中すれば、産業や雇用、税収が失われて地方経済が縮小していく。

　ここに、経営者の高齢化と後継者不足による休廃業の増加が追い打ちをかける。帝国データバンク「全国『社長年齢』分析調査（2021年）」によれば、全国の経営者の年齢は上昇し続けており、2020年には、調査を開始した1990年以来初めて平均60歳を超えた。また、同「全国企業『後継者不在率』動向調査（2021年）」では、後継者が「いない」または「未定」である経営者が61.5％に上る。村上・児玉・樋口（2017）は、人口や年齢分布などを考慮したうえで、都道府県別に2040年までの企業数と従業者数を推計している。その結果、全体の数が減るなかで大都市への集中度合いは一層強まり、企業数、従業者数の減少は特に地方で顕著になると警鐘を鳴らす。

　都市部から地方へ移り住む人が増えれば、こうした問題を緩和する糸口になる。地域の活動や伝統文化の担い手となることが期待されるし、自然の多い場所に引っ越すことで出産を望む人が増えれば、人口の自然減を抑えることにもつながる。さらに、移住した地域で創業する人が増えれば、域内の税収増加や産業活性化だけでなく、地元の雇用を増やし若者の都市部への転出を減らすといった効果も期待できる。

3　多様化する働き方と創業のかたち

　昨今、地方移住への関心は高まりをみせている。大きな契機となったのが新型コロナウイルスの感染拡大であるが、実はその以前

図-3　ふるさと回帰支援センター（東京）利用者数と年代の推移

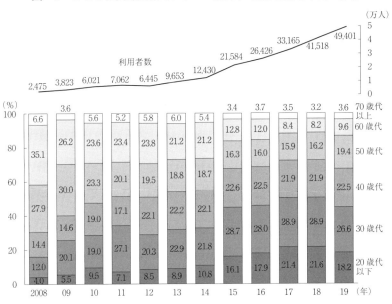

資料：ふるさと回帰支援センター「2019年の移住相談の傾向、移住希望地ランキング公開」
　　　（2020年2月）

から地方での暮らしに興味を示す人は増えていた。まず、コロナ禍が広がる前の動きに注目したい。

　都市住民に対する移住支援や移住に関する情報提供を行っているNPO法人ふるさと回帰支援センターの「2019年の移住相談の傾向、移住希望地ランキング公開」（2020年2月）によれば、同センターへの来訪および問い合わせの数は年々増加しており、2019年には4万9,401件と5年前（2014年、1万2,430件）に比べてほぼ4倍になった（図-3）。各自治体が移住相談会やセミナーの開催頻度を上げていることもあって、地方移住に関心を寄せる人は確実に増加している。さらに、センターの利用者を年齢別にみると、若年層の割合が

増えている。5年前は20％台だった「60歳代」の割合は2019年には1割以下まで低下している一方、「20歳代以下」の割合は2割前後まで上昇している。

筒井・嵩・佐久間（2014）は、2011年の東日本大震災が一つのターニングポイントだったと指摘する。震災後、移住に関心を示すファミリー層が増えたほか、「ライフスタイルの転換」を望んで農山村での地域に密着した暮らしに興味をもつ若者が増えたという。松永（2015）は、消費において「モノ」よりも「コト」に価値が置かれるようになるなど、失われた20年を経て個人のライフスタイルや価値観が変化したことにより、「ローカル志向」が進んでいるのだと分析している。

まち・ひと・しごと創生本部「移住等の増加に向けた広報戦略の立案・実施のための調査事業報告書」（2020年5月）によれば、コロナ禍の影響が広がる前の2020年1月末時点で、東京圏（東京都、神奈川県、埼玉県、千葉県）に在住する20〜59歳の男女のうち31.1％が、東京圏以外で暮らすことに「関心がある」または「やや関心がある」と回答している[5]。そして、移住を計画している層が地方圏での暮らしに抱くポジティブなイメージ（複数回答）は、「ワークライフバランスがとれた暮らし」が37.4％と最も多く、次いで「自然豊かな環境でのんびりと老後を過ごす暮らし」（27.5％）となっている。このデータからも、地方での暮らしに金銭面よりも精神面での充実を求めている様子がうかがえる。

働き方に対する意識の変化は、創業にもみてとれる。当研究所で

5　残りの選択肢は「関心とまではいかないが、気にはなっている」「あまり関心がない」「関心がない」「以前は関心があったが今はない」。

は、創業に関連して「新規開業実態調査」「新規開業パネル調査」
「起業と起業意識に関する調査」を継続して行っている。長年創業
の傾向を追うなかでみられるようになったのが、必ずしも生計を立
てることを重視せず、夢を実現したり生きがいを高めたりするため
の創業や、副業・複業やプチ起業など自分に合った働き方をするた
めの創業である[6]。

　こうした創業のかたちは、地方への移住と親和性が高いのではな
いか。実際、松永（2015）は、地域とのつながりや地域における社
会的価値を創出するために、身の丈に合った小さな起業を選択する
人が少なくないと示している。そして、この地方で小さく商いを始
めようとする動きを、情報通信技術の発展が後押ししていると説明
している。移住創業は多様化する創業の一つの受け皿になっている
といえる。

4　コロナ禍が動きを押す

　地方への関心の高まりを一気に加速させたのが、2020年以降の新
型コロナウイルスの感染拡大であった。内閣府「第4回新型コロナ
ウイルス感染症の影響下における生活意識・行動の変化に関する調
査」（2021年11月）で東京23区在住者の地方移住への関心をみると、
「強い関心がある」「関心がある」「やや関心がある」割合は合わせ
て37.3％である[7]。同調査における2019年12月時点での割合は28.0％

6　桑本（2021）に詳しくまとめている。
7　残りの選択肢は「あまり関心がない」「まったく関心がない」。

であるから、コロナ禍によって地方移住への関心が高まったことは明らかである。さらに、関心がある人のうち、直近半年以内に移住に向けて具体的な行動[8]をしたという人は27.0％に上り、なかでも20歳代で33.2％と高い。

　コロナ禍は、筒井・嵩・佐久間（2014）の言葉に倣えば、東日本大震災に続く「第2のターニングポイント」といえるのではないか。感染リスクの低い地方への移住に興味を示す人が増えたほか、企業では密を減らすためテレワークの導入が進み、本業の業績が低迷した一部の業種では従業員の副業を推進する動きもみられた。都心のオフィスを退去する企業も増えた。暮らし方、働き方の選択肢が大きく広がり、地方移住のハードルが下がったのである。

　前掲「第4回新型コロナウイルス感染症の影響下における生活意識・行動の変化に関する調査」（2021年11月）によれば、東京23区在住の就業者のうちテレワークを実施している人は55.2％で、コロナ禍となる前の2019年12月の17.8％から大幅に増加している。ほぼすべての仕事をテレワークで行っている人も16.4％に上る。また、日本経済新聞が国税庁の「法人番号公表サイト」を用いて調べたところ、東京23区から本社を転出させた企業は、2020年4月ごろから急増している（2021年5月30日朝刊）。2020年度の転出数は約6,700社で、前年度比で24％増加したという。

　すでに、都市部の人の流れには変化がみられる。総務省「住民基本台帳人口移動報告」をみると、東京都の人口は、2020年5月に比

8　「移住先での住宅情報を調べた」「移住先での就職情報を調べた」「移住に向けて家族と具体的な相談をした」「引越資金集めを始めた」「移住先を決定し、具体的な引っ越し予定がある」など。

図－4　東京都の転入超過数（前年同月比）

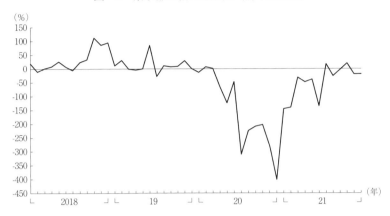

資料：総務省「住民基本台帳人口移動報告」
（注）他道府県から東京都への転入者数から、東京都から他道府県への転出者数を差し引いた
　　　転入超過数の前年同月比。

較可能な2013年7月以降で初めて転出超過となった。2021年も、入
学や就職、異動の時期である3、4月を除いて転出超過が続いた。
図－4は、東京都の転入者数から転出者数を差し引いた転出超過数
について、前年同月比で推移をみたものである。市中感染が始まっ
て間もない2020年4月から、2021年の前半にかけてマイナス圏に落
ち込み、2021年後半も転出超だった前年同月と比べて横ばいとなっ
ている。

　ただし、東京都からの転出先は千葉県、埼玉県、神奈川県が多く
を占め、例えば2021年12月は全体の62.3％がこの3県への転出であ
る。すべての勤務がテレワークに置き換わらない限り、たまの出社
のために遠くへは引っ越せないということだろう。藤波（2020）
も、地方に向けた大きな人流を期待するのは早計だと指摘してい
る。コロナ禍を背景に東京一極集中は緩和されているが、現時点で

はその効果は限定的であるといわざるを得ない。

　都市部からの人の流れを過疎地まで浸透させていくためには、地方への関心の高まりを一過性のものとしてはならない。期せずしてもたらされた働き方や暮らし方の選択肢の広がりを、コロナ後も持続させ、さらに拡張させていくことが肝要である。

5　地域経済の潤滑油としての移住創業

　地方へ関心を寄せる人は増えており、なかには移住先で創業を計画する人もいる。人口の少ない地方ほど雇用の場も相対的に少ないため、働く場を自ら創出することは意義が大きい。それが、地域で必要とされる事業であったり、地域の雇用を増やしたりするものであればなおさらである。

　筒井・佐久間・嵩（2015）は、農山村における移住の意義について、人口増加という数の側面ではなく、地域に新しい考え方や発想、スキルをもつ人材の参入といった質の側面からとらえるべきだと指摘する。移住者による「なりわいづくり」によって、地域資源をヨソモノの視点で活用し、新たな価値の創造に結びつけることが地方創生には重要なのだという。

　枝廣（2018）は、複数の過疎地を事例に、活力ある地域ではその地域内で好循環を生み出すことができていると総括している。内閣官房による第2期「まち・ひと・しごと創生総合戦略」（2020改訂版）でも、東京一極集中を是正するために、「地域内経済循環を実現する」ことを目標の一つに掲げている。つまり、移住創業は、前

節で触れた多様化する創業の受け皿であると同時に、新しい知見や
考え方で地域経済を動かす潤滑油になることが期待されているのだ
といえる。

　地域活性化のギアを上げる人材を各地で増やそうと始められた制
度の一つが、「地域おこし協力隊」である。総務省が2009年度に立
ち上げた。都市部から過疎地等へ生活拠点を移した隊員に対して、
自治体が地場産品の開発や広報、住民の生活支援などの業務を委嘱
する。1年以上3年以下の任期の間、隊員は地域に密着し、文化や
風土、課題に対する理解を深めることができる。2021年度からは、
「地域おこし協力隊インターン」として、2週間以上3カ月以下の
間、地域おこし協力隊の業務に試験的に従事できる制度も設けられ
ている。

　協力隊の任期を終えた後もその地にとどまり創業もしくは事業を
承継する場合は、経費の一部（上限100万円）を自治体から支援し
てもらえるほか、当公庫国民生活事業の新規開業資金を通常より低
利で受けることができる。総務省「令和3年度地域おこし協力隊の
定住状況等に係る調査結果」（2022年3月）によれば、2021年3月末
までに任期を終了した隊員は8,082人に上る。そのうち4,292人
（53.1％）が任務地と同じ市町村に定住し、定住した人の41.4％
（1,779人）が創業している。就業した人が39.1％、就農・就林等を
した人が11.5％、事業承継した人が1.2％であった[9]。

　隊員としての活動期間が準備期間にもなるため、地域に根差した
創業に結びつきやすいのだと考えられる。図司（2013）は、地域お
こし協力隊をはじめとした「地域サポート人材事業」について概観

9　「その他」が5.0％、「不明」が1.7％であった。

し、それらが地域資源を担う次世代と地域をつなぐマッチングの場になるほか、次世代が自らの生き方を主体的につくりだすトライアルの機会になると述べている。裏を返せば、何らかの手段を用いて移住先でのマッチングやトライアルを試みることが、地域経済の潤滑油となる近道といえるのではないか。

6　支え合い地域の課題に向き合う

　マッチングとあるように、移住創業について考える際には、その受け入れ側である地域とそこに暮らす住民の行動にも目を向ける必要がある。前掲「第4回新型コロナウイルス感染症の影響下における生活意識・行動の変化に関する調査」（2021年11月）では、東京圏在住者で地方移住に関心がある人に対して、地方への移住に当たり懸念していることを尋ねている（複数回答）。回答結果をみると、「仕事や収入」（48.5％）に次いで2番目に多いのが、「人間関係や地域コミュニティ」（26.8％）である。

　堀内（2018）は、地域住民と外部者が良好な関係を築く際に、仲介者が重要な役割を果たしていると指摘する。住民、外部者それぞれが自身のやりたいことを追求しているが、仲介者が双方の橋渡し的存在として「いくばくかのコントロール」をすることで、適度な友好関係を維持できているのだという。仲介役を担う人はさまざまで、堀内（2018）では、地元の大学、教育委員会や観光協会の職員、先輩移住者などの事例を紹介している。

　筒井・嵩・佐久間（2014）は、移住者の「なりわいづくり」に対

するサポートを三つに分類している。「なりわいづくりを促す仕かけ」「軌道に乗るためのサポート」は行政やまちづくりにかかわる団体を主体とするが、「日常の運営へのサポート」は地域住民や同業集団が担うとしている。

　また、長山（2021）は複数の地域の事例研究から、地域活性化に資する起業家を輩出するには、地域ぐるみで学習する「地域プラットフォーム」が重要だという。具体的には、地域固有の課題や歴史的文化的価値について学習・継承したり、地域の先輩経営者をロールモデルに起業のステップを踏んでいったりする仕組みである。このように、行政だけでなく、その土地に長く暮らす住民も積極的に移住者にかかわることが求められている。

　移住創業者とそこに暮らす住民が、互いを理解しともに地域の課題に向き合うことが、高まる移住創業の機運を一層醸成していくことにつながるはずである。では、実際のところ移住創業者はどのようなステップを踏んで事業を展開し、移住先でどのような役割を発揮し、また地域の住民とどのようにかかわっているのだろうか。以下で具体的にみていくこととする。

（桑本 香梨）

＜参考文献＞

枝廣淳子（2018）『地元経済を創りなおす―分析・診断・対策』岩波書店

桑本香梨（2021）「公庫調査からみる創業の多様なかたち―広がる創業の裾野に着目して―」日本政策金融公庫総合研究所『日本政策金融公庫調査月報』No.150、pp.4-17

小林伸生（2003）「地域における開業率規定要因に関する一考察」関西学院大学『経済学論究』第57巻第1号、pp.59-86

小本恵照（2007）「開業率の地域格差に関するパネル分析」ニッセイ基礎研究所『ニッセイ基礎研所報』Vol.44、pp.58-82

図司直也（2013）「地域サポート人材の政策的背景と評価軸の検討」農村計画学会『農村計画学会誌』Vol.32、No.3、pp.350-353

筒井一伸・嵩和雄・佐久間康富著、小田切徳美監修（2014）『移住者の地域起業による農山村再生』筑波書房

筒井一伸・佐久間康富・嵩和雄（2015）「都市から農山村への移住と地域再生―移住者の起業・継業の視点から―」農村計画学会『農村計画学会誌』Vol.34、No.1、pp.45-50

長山宗広（2021）「アントレプレナーシップを促す地域プラットフォーム―「創業機運醸成事業」の実践にあたって―」日本政策金融公庫総合研究所『日本政策金融公庫論集』第53号、pp.21-53

藤波匠（2020）「アフターコロナを見据えた地方創生のあるべき姿―ニューノーマルを地方創生の追い風にするために―」日本総合研究所『JRIレビュー』Vol.11、No.83、pp.2-20

堀内史朗（2018）「人口減少地域で展開する人的交流―仲介者の役割―」阪南大学『阪南論集・社会科学編』Vol.53、No.2、pp.1-19

松永桂子（2015）『ローカル志向の時代―働き方、産業、経済を考えるヒント』光文社

村上義昭・児玉直美・樋口美雄（2017）「地域別企業数の将来推計」財務省財務総合政策研究所『フィナンシャル・レビュー』第131号、pp.71-96

第1部

データでみる
移住創業の実態

第1章

◆ ◆ ◆

移住創業者の実像

1　データでとらえる移住創業者の全容

　序章でみたように、移住創業は多様な創業の受け皿の一つとなっており、また、地域経済の潤滑油としての役割も期待されている。では具体的にはどのようにして、どの程度、移住創業者は地域経済の担い手たり得ているのだろうか。また、移住創業者自身は望んだ働き方・暮らし方を実現できているのだろうか。生活の拠点を変えて、そこでの事業を軌道に乗せるまでの道のりは、決して平坦ではないだろう。移住創業の前後にはどのような取り組みを行っているのだろうか。

　田舎暮らしを満喫していたり、地域の有名人になっていたりといった移住創業者の事例がマスコミなどでよく話題に上るが、皆が地域に密着し、地元経済を盛り立てることを目標に活動しているわけではないはずである。なかには、移住した地域に働く先がなく、やむを得ず創業した人もいるかもしれない。一口に移住創業者といっても、その実態は多種多様であるに違いない。

　そこで、本章では、当研究所が行った「2020年度起業と起業意識に関する調査（特別調査）」（以下、本調査）の結果をもとに、移住創業の全体像を明らかにすることを試みる。

(1) インターネットアンケート

　最初に、調査の概要を説明したい。本調査は、インターネット調査会社にモニターとして登録している18〜69歳の人を対象として、2021年2月に実施した。いくつかの問いにより今回の調査対象を抽出したうえで、詳細な質問を行う2段階方式をとっている。

「2020年度起業と起業意識に関する調査（特別調査）」の実施要領

調査時点：2021年2月
調査対象：全国の18歳から69歳までの人
調査方法：
・インターネットによるアンケート（事前調査と詳細調査の2段階）
・インターネット調査会社から登録モニターに電子メールで回答を依頼し、ウェブサイト上の調査画面に回答者自身が回答を入力
回収数：①事前調査　　　8万2,159人
　　　　②詳細調査　　　651人（本章の調査対象）

図1−1　調査の回答者

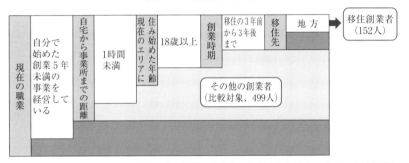

（注）サンプル確保のため、2015年以前に創業した人も一部対象に加えた。その場合は創業して5年以内のことを尋ねている。

（2）移住創業者の5要件

　本調査における「移住創業者」は、次の①〜⑤の要件を満たす人とした（図1−1）。まず、①創業して5年未満の人であること[1]。移住創業の前後のことを尋ねるため、創業からあまり時間が経過していない人に絞った。なお、事業は自分で起こしたものに限定し、承継したものは含まない。

---

[1]　十分なサンプルの確保が難しいため、5年以上前に移住創業した人も対象とした。ただし、その場合は創業して5年時点のことを尋ねている。移住創業者152人のうち5年以上前に創業した人は17人であった。

　次に、②自宅から事業所までの距離が片道1時間未満であること。創業した事業の場所が生活の場所から離れすぎていては、移住先での創業とみなせない。同一市町村内であっても自宅と事業所が非常に離れているケースもあるため、時間的距離を基準にした。総務省「平成28年社会生活基本調査」によれば、通勤・通学の平均時間は片道約40分、最も長い神奈川県では約50分となっており、自宅から片道1時間未満であれば生活エリア内で事業を行っているとみてよいだろう。

　三つ目に、③移住時の年齢が18歳以上であること。親の転勤など自分の意思と関係なく移住するケースを除くために、大学や短大への平均的な入学年齢を基準にした。文部科学省「令和3年度学校基本調査」によれば、日本人の83.8％が大学、短期大学、高等専門学校などの高等教育機関に進学している。従って、高校3年生、つまり18歳未満で発生する転居の大半が、親の転勤など実家の事情によるものだと考えるのが妥当だろう。

　そして、④現在事業を経営している場所から片道1時間以上離れたエリアから、今の生活エリアに移住する前後3年以内に創業していること。移住してからの期間が長くなると、その場所での生活基盤や地縁が確立されていく。長い時間が経ってから創業する場合は移住を伴わない創業とあまり差異がなくなってしまうため、3年を基準とした。また、創業した後にその近くに移り住む人もいる。別の地域から通いながら事業を立ち上げ、用意が整ってから住居を移すケースもある。そこで、移り住む3年前から移り住むまでの間の創業も、移住創業とみなすことにした。

　最後に、⑤移住先エリアが地方であること。地方は、三大都市圏

（東京都、神奈川県、埼玉県、千葉県、愛知県、岐阜県、三重県、大阪府、京都府、兵庫県、奈良県）と全国の20政令指定都市（三大都市圏内の10都市のほか、札幌市、仙台市、新潟市、静岡市、浜松市、岡山市、広島市、北九州市、福岡市、熊本市）以外とした。ただし、東京都の奥多摩町や檜原村のように三大都市圏に含まれる過疎地は、地方として調査の対象に含める。

　なお、移住先エリアは、事業を行っている場所の郵便番号を尋ねて特定した。以下の分析の一部では、この郵便番号を使って地方から過疎地を抽出している。過疎地は「過疎地域自立促進特別措置法」[2]により指定された市町村を用いるが、こうした市町村のなかには、合併により、もとは過疎地ではなかったエリアが含まれることがある。反対に、もとは過疎地だったものの合併後の市町村全体では過疎地の条件を満たさないために、過疎地としてカウントされないエリアもある。そこで、日本郵便㈱のデータをもとに合併前の旧市町村まで遡って過疎地域を判別した。

　これら①～⑤の要件を満たす移住創業者は152人となった。第2節以降は、この152人による回答結果を紹介する。

　ちなみに、要件①～④を満たす回答者について、移住元と移住先の地域の分布をみたものが表1−1である[3]。都市部へ移り住んで創業した人も含めると、移住元・移住先の地域を回答した創業者は

2　2020年度末で期限を迎え、2021年度より「過疎地域の持続的発展の支援に関する特別措置法」に移行した。本調査における過疎地の特定には、調査期間に適用されていた旧法を用いる。なお、現法における過疎地は820市町村、旧法では817市町村である。
3　表1−1では移住元地域を回答していない人と海外から移住した人を除いて集計している。そのため、地方で移住創業した人の合計（147人）が、移住創業者のサンプル（152人）と一致しない。

表1−1　回答者の移住先と移住元の地域区分

（単位：人）

移住元＼移住先		都市部	地　方	うち過疎地
都市部		122	23	4
地　方		197	124	15
	うち過疎地	18	6	1

資料：日本政策金融公庫総合研究所「2020年度起業と起業意識に関する調査（特別調査）」（以下同じ）
（注）1　移住先地域は郵便番号を尋ねて、過疎地は「過疎地域自立促進特別措置法」の指定する全部過疎の市町村と、一部過疎・みなし過疎市町村の合併前の全部過疎エリアを抽出している。一方、移住元地域は市町村名を尋ねており、移住先地域のように細かい分類をすることができない。そのため、移住元地域の過疎地は同法による全部過疎とみなし過疎の市町村とする（以下同じ）。
　　　2　移住先・移住元地域の都市部は、三大都市圏および全国の20政令指定都市のうち（注）1による過疎地を除いたエリア。
　　　3　無回答および移住元地域が海外の場合を除く。

466人であった[4]。この分布から地域間の移動のパターンをみると、最も多いのは地方から都市部への移住である（466人中197人）。次いで地方間（124人）、都市部間（122人）での移動が多い。都市部から地方への人流は466人中23人とわずかで、過疎地への移住者も残念ながら少ない。

　なお、本調査では、移住創業者との比較のために「その他の創業者」も抽出した。要件は、移住創業者の要件の①を満たし、かつ②〜④のいずれか一つでも満たさない場合とする。サンプルサイズは499人となった。

4　移住元地域については郵便番号を記憶していない場合も想定されたため、都道府県名と市町村名を選択してもらう方法で回答を得た。よって、移住先地域のように合併前の状況を反映した詳しい区分はできない。

図1－2　移住先地域との関係（複数回答）

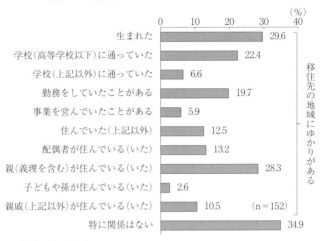

(注) 1　nは回答数（以下同じ）。
　　　2　割合は小数第2位を四捨五入している（以下同じ）。
　　　3　勤務はパート・アルバイトを含む。

2　誰が移住創業したか

　まず、移住創業者の属性や移住のきっかけ、創業の動機といった
データから、その全体像をみていきたい。

(1) 女性や若年層が多い

　移住先の地域との関係（複数回答）をみると、「生まれた」
（29.6％）や「親（義理を含む）が住んでいる（いた）」（28.3％）、
「学校（高等学校以下）に通っていた」（22.4％）が多い（図1－2）。
以前住んでいたり、親が暮らしていたりするといった、移住先地
域とのゆかりがある人が65.1％に上る。

図1−3　現在のエリアに移り住んだきっかけ（複数回答）

(%)

現在の事業を始めるため	18.4
結婚	15.1
親（義理を含む）との同居や近居	15.1
子育て	11.8
就職、転職（家業の手伝い、承継を除く）	10.5
定年	4.6
家族の健康上の理由	3.9
配偶者の就職、転勤、転職	3.3
自身の健康上の理由	3.3
家業の手伝い	3.3
家業の承継	2.6
就学	2.6
旅行で訪れた	2.6
仕事で訪れた	2.0
現在とは別の事業を始めるため	2.0
転勤	1.3
学校卒業	1.3
現在地で起きた自然災害	1.3
友人や知人に誘われた	0.7
直前に住んでいた地域で起きた自然災害	0.7
配偶者の定年	0.0
その他	1.3
特にない	27.0

(n＝152)

　現在のエリアに移り住んだきっかけ（複数回答）をみると、最も
多いのは「現在の事業を始めるため」だが、18.4％と2割を下回る
（図1−3）。創業するために移住を決めた人はそれほど多くない。
次いで割合が高いのは、「結婚」（15.1％）や「親（義理を含む）と

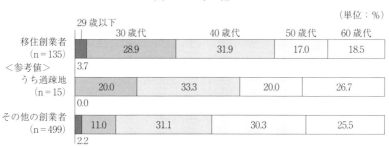

図1－4　年　齢

(単位：％)

	29歳以下	30歳代	40歳代	50歳代	60歳代
移住創業者 (n＝135)	3.7	28.9	31.9	17.0	18.5
＜参考値＞ うち過疎地 (n＝15)	0.0	20.0	33.3	20.0	26.7
その他の創業者 (n＝499)	2.2	11.0	31.1	30.3	25.5

(注) 年齢に関する集計は、移住創業者から創業5年以上の回答者を除いて行った。

の同居や近居」（15.1％）、「子育て」（11.8％）といった家庭の事情
に関する項目である。男女別にみると、「結婚」の割合は男性の
9.4％に対して女性は28.3％と高く、「親（義理を含む）との同居や
近居」も男性は12.3％、女性は21.7％である。女性の方が配偶者の
生活エリアに移るケースや家族のために移住するケースが多いこと
が読みとれる。

　移住創業者を性別にみると、女性の割合が30.3％とその他の創業
者（20.8％）に比べて約10ポイント高い。移住のきっかけと合わせ
て考えると、家庭の事情でそれまで就いていた仕事や生活の環境が
変わることが、女性の創業を促している様子がうかがえる。

　移住創業者の年齢は、「29歳以下」（3.7％）や「30歳代」（28.9％）
の若年層の割合が、その他の創業者（順に2.2％、11.0％）に比べて
高い（図1－4）。50歳を過ぎれば、家を購入するなど一定の生活
基盤ができている人が多く、拠点を変えてまで創業しようとする人
は少なくなるのだろう。なお、サンプルサイズが小さいので参考値
にとどまるが、過疎地に限ってみると「60歳代」の割合が26.7％と
高くなっている。子育てが一段落していたり、若年層に比べて貯蓄

図1−5　現在のエリアを拠点に選んだ積極的な理由（複数回答）

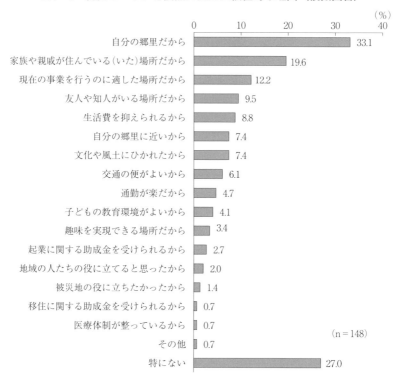

が多かったりすることで、生活や事業の利便性が多少劣る過疎地への移住にも踏み切りやすいのかもしれない。

（2）移住先の決め手は地域の魅力よりゆかり

　現在のエリアを拠点に選んだ積極的な理由（複数回答）は、「自分の郷里だから」が33.1％と最も多く、「家族や親戚が住んでいる（いた）場所だから」（19.6％）が続く（図1−5）。移住のきっかけ（前掲図1−3）では「現在の事業を始めるため」との回答が18.4％

あったが、「現在の事業を行うのに適した場所だから」移住先に決めたという回答は、12.2％にとどまる。李・杉浦（2017）は、移住の多くが出身地への「帰還行動」であり、住む場所として実家があることが地方への最大のプル要因になっていると分析している。移住創業においても、いわゆるＵターン型のケースが多い傾向がみてとれる。

　他方、「文化や風土にひかれたから」は7.4％と少なく、いわゆる田舎暮らしにあこがれて移住し創業した人はあまりいない。それよりは、「生活費を抑えられる」（8.8％）ことにメリットを感じた人の方が若干多い。そのほか、「起業に関する助成金を受けられるから」（2.7％）や「移住に関する助成金を受けられるから」（0.7％）の回答割合も低い。行政による支援制度は多々あり、利用者も多いが、それ自体は移住先選定の決定打になっていないといえる。

　開業動機（三つまでの複数回答）は、「自由に仕事がしたかったから」（50.0％）が最も多く、「収入を増やしたかったから」（24.3％）、「仕事の経験・知識や資格を生かしたかったから」（22.4％）と続く（図1－6）。上位に入っている項目はその他の創業者と変わらない。ただし、それぞれの回答割合を比べてみると、移住創業者は「時間や気持ちにゆとりが欲しかったから」（19.1％）や「趣味や特技を生かしたかったから」（11.8％）、「個人の生活を優先したかったから」（10.5％）、「家事と両立できる仕事がしたかったから」（6.6％）などで、その他の創業者を上回る。収入よりも私生活や自分のやりたいことに重きを置く傾向がみられる。

　総合すると、移住創業者の多数派として、ゆかりのある土地へ移り、生計を立てるために起業したが、家庭や自身の生活スタイルも重視する人たちの姿が浮かび上がる。

図1-6　開業動機（三つまでの複数回答）

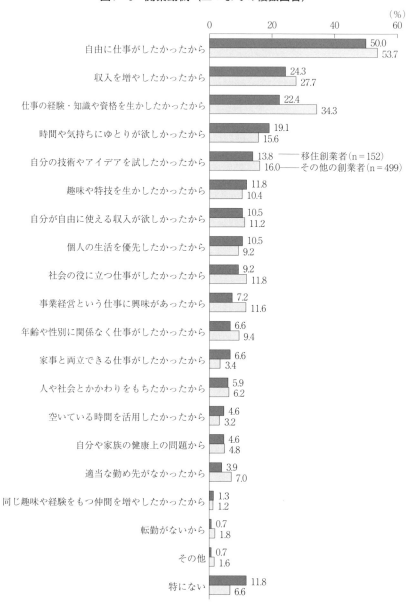

表1－2　業　種

(単位：%)

	移住創業者 （n＝152）	＜参考＞過疎地 （n＝19）	その他の創業者 （n＝499）
建設業	5.3	5.3	7.6
製造業	7.2	0.0	4.6
情報通信業	6.6	0.0	8.2
運輸業	3.3	5.3	6.0
卸売業	3.9	0.0	3.8
小売業	10.5	5.3	5.8
飲食店・宿泊業	3.9	0.0	3.6
医療・福祉	6.6	15.8	4.2
教育・学習支援業	3.3	5.3	5.0
個人向けサービス業	19.7	10.5	18.2
事業所向けサービス業	18.4	15.8	22.8
不動産業、物品賃貸業	5.3	10.5	5.8
その他	5.9	26.3	4.2
合　計	100.0	100.0	100.0

（注）「持ち帰り・配達飲食サービス業」は、「小売業」に含む。

3　どのような事業を創業したか

　前節では、移住創業者の属性について分析した。続いて、彼らが創業した事業の概要をみていく。

(1) 事業規模は小さい

　移住創業者の業種をみると、「個人向けサービス業」（19.7％）や「事業所向けサービス業」（18.4％）が多く、その他の創業者と傾向は変わらない（表1－2）。その他の創業者と比べてやや多いのは、「小売業」（10.5％）や「製造業」（7.2％）である。

　事業における主な顧客は、「事業所」が42.1％、「一般消費者」が

図1－7　開業時の従業者数

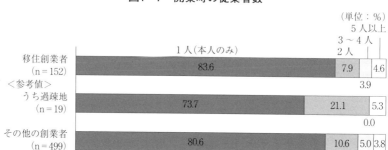

57.9％である。「一般消費者」の割合は、その他の創業者（50.7％）に比べて高いが、その他の創業者の所在を地方に限定して割合を計算すると58.6％と同程度である。都市部に比べて周囲に取引先となる企業が少ない地方では、移住の有無にかかわらず、消費者を相手にした事業が多くなるということだろうか。

　次に従業者規模をみると、83.6％と大半が「1人（本人のみ）」で事業を始めている（図1－7）。ただし、その他の創業者も自分1人で開業したという人が80.6％と多く、事業規模が小さいのは創業全体の傾向といえる。地方の雇用増加に移住創業が寄与する程度は限定的であるといわざるを得ない。

　売り上げ規模も小さい。平均月商が「50万円未満」である人が69.0％に上る（図1－8）。その他の創業者（62.0％）と比べても、低い層がやや多い。なかでも、過疎地の移住創業者は16人中14人が「50万円未満」である。創業者全体として平均月商は少ない人が多いが、移住者の場合、特に移住先が経済規模の小さい地域である場合に、事業の売り上げが小規模になる傾向がみられる。

　ただし、移住創業者の61.2％が「黒字基調」を維持できている。

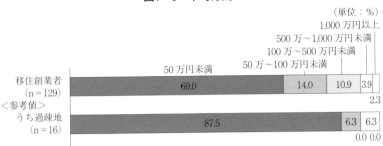

図1-8　平均月商

（単位：％）

移住創業者
（n＝129）

50万円未満　69.0 ｜ 14.0 ｜ 10.9 ｜ 3.9
2.3

＜参考値＞
うち過疎地
（n＝16）

87.5 ｜ 6.3 ｜ 6.3
0.0 0.0

その他の創業者
（n＝426）

62.0 ｜ 16.2 ｜ 15.3 ｜ 4.0
2.6

凡例：50万円未満／50万～100万円未満／100万～500万円未満／500万～1,000万円未満／1,000万円以上

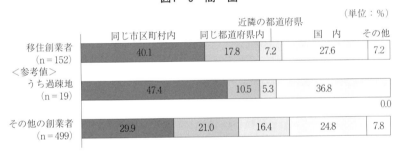

図1-9　商　圏

（単位：％）

移住創業者
（n＝152）

同じ市区町村内 40.1 ｜ 同じ都道府県内 17.8 ｜ 近隣の都道府県 7.2 ｜ 国　内 27.6 ｜ その他 7.2

＜参考値＞
うち過疎地
（n＝19）

47.4 ｜ 10.5 ｜ 5.3 ｜ 36.8
0.0

その他の創業者
（n＝499）

29.9 ｜ 21.0 ｜ 16.4 ｜ 24.8 ｜ 7.8

（注）「その他」は「海外」「国内外」の合計。

「赤字基調」との回答割合は38.8％であった。「黒字基調」の割合は、その他の創業者では65.9％、過疎地では68.4％であった。

（2）地元志向が強い

　商圏は、移住創業したエリアと「同じ市区町村内」である移住創業者が40.1％と多い（図1-9）。その他の創業者（29.9％）と比べても割合は高く、特に過疎地では47.4％と半数近い。主な顧客を一般消費者としている人が6割弱であったから、地元の住民を相手

図1−10　仕入先の方針

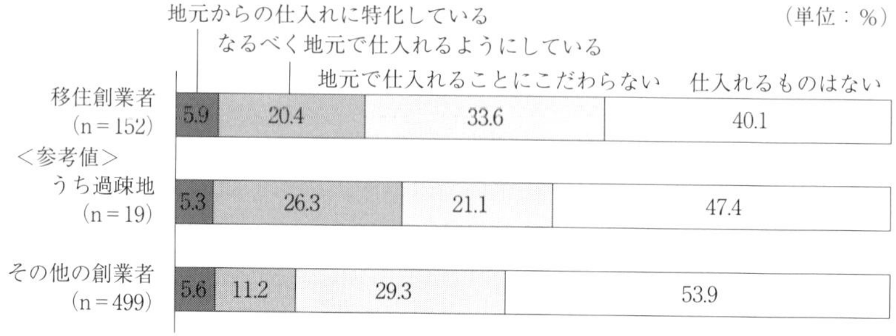

（単位：％）

地元からの仕入れに特化している
なるべく地元で仕入れるようにしている
地元で仕入れることにこだわらない　　仕入れるものはない

	地元特化	なるべく地元	こだわらない	ない
移住創業者 (n=152)	5.9	20.4	33.6	40.1
＜参考値＞ うち過疎地 (n=19)	5.3	26.3	21.1	47.4
その他の創業者 (n=499)	5.6	11.2	29.3	53.9

にした商売をしている移住創業者が少なくないようである。

　仕入先についても、「地元からの仕入れに特化している」「なるべく地元で仕入れるようにしている」人が合わせて26.3％で、過疎地では31.6％に上る（図1−10）。総じて、移住創業者は地元志向が強い傾向がみられ、序章で触れた地域経済を循環させる役割を、小規模ながら担っているといえる。

4　移住創業前後に何をしたか

　移住創業者の事業は地元志向が強い傾向がみられた。しかし、地方へいくほど仕入先も顧客となる地元住民も少なくなる。限られた市場で創業するために、どのような取り組みをしているのだろうか。

（1）移住創業の相談をした人は少ない

　移住創業に当たり相談した相手（複数回答）で多いのは、「現在のエリアに住んでいる（いた）友人・知人」（8.6％）や「現在のエ

図1-11　移住創業に当たり相談した相手（複数回答）

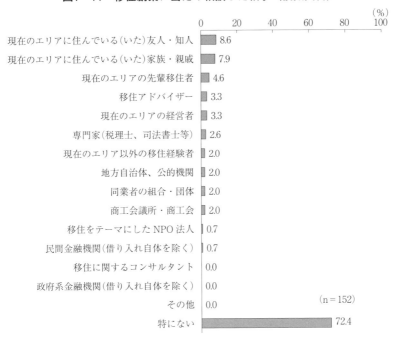

リアに住んでいる（いた）家族・親戚」（7.9％）である（図1-
11）。「移住アドバイザー」（3.3％）や「専門家（税理士、司法書
士等）」（2.6％）、「地方自治体、公的機関」（2.0％）などに相談し
たという人は少なく、身近な人を相談相手に選んでいる。ただし、
上位の項目でも回答割合はそれぞれ1割に満たず、「特にない」と
の回答割合が72.4％と大半を占めている。なお、過疎地の移住創業
者に限ると、「特にない」割合は52.6％まで下がる。事業や生活の
ためのインフラが相対的に不足していることから、事前に相談する
必要性が高くなるのだろう。
　創業時にほかの企業から何らかの経営資源を引き継いだ人も少な

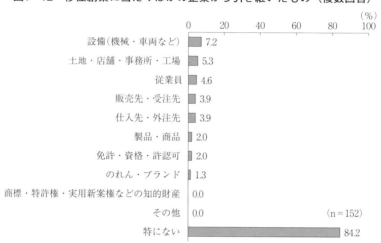

図1-12　移住創業に当たりほかの企業から引き継いだもの（複数回答）

（注）有償・無償は問わない。ほかの企業には、倒産や廃業した企業を含む。

く、84.2％が「特にない」としている（図1-12）。引き継いだもので最も多いのは「設備（機械・車両など）」だが7.2％にとどまり、続く「土地・店舗・事務所・工場」は5.3％、「従業員」は4.6％と少ない。地縁のない土地に移住した場合は一層、経営資源を譲ってくれる先を探しにくいものと思われたが、引き継いだ人の割合をみると、移住先地域とゆかりがない（前掲図1-2）場合では26.4％と、ある場合（10.1％）の2倍以上になっている。引き継ぐ経営資源があることが、ゆかりのない地域での移住創業を後押しする一因となっているのかもしれない。

（2）移住前から地域の活動に参加する人は少ない

　移住創業前に移住予定地で参加した活動も、「特にない」という人が71.1％に上る（図1-13）。最も多い「地元の祭りに参加」で

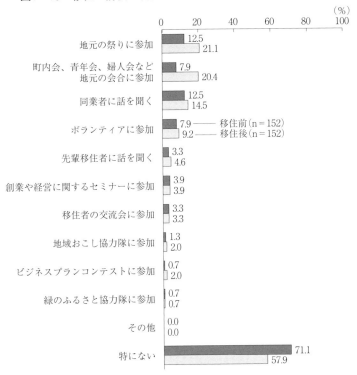

図1−13　移住の前後に現在のエリアで行ったこと（複数回答）

地元の祭りに参加　12.5／21.1

町内会、青年会、婦人会など地元の会合に参加　7.9／20.4

同業者に話を聞く　12.5／14.5

ボランティアに参加　7.9／9.2　　移住前（n＝152）／移住後（n＝152）

先輩移住者に話を聞く　3.3／4.6

創業や経営に関するセミナーに参加　3.9／3.9

移住者の交流会に参加　3.3／3.3

地域おこし協力隊に参加　1.3／2.0

ビジネスプランコンテストに参加　0.7／2.0

緑のふるさと協力隊に参加　0.7／0.7

その他　0.0／0.0

特にない　71.1／57.9

も12.5％である。「特にない」の回答割合は、前掲図1−2でみた移住先の地域にゆかりがある場合（70.7％）でも、ない場合（71.7％）でも変わらない。知らない土地だから移住前には活動の輪に入りにくい、逆に知らない土地だからこそ事前に地元の活動に参加してみる、といった行動パターンは、この比較結果からは観察されない。

　移住後は、地域の活動に参加する人が増える。「地元の祭りに参加」（21.1％）する人や「町内会、青年会、婦人会など地元の会合に参加」（20.4％）する人は、それぞれ2割を超える。「同業者に話

を聞く」（14.5％）や「先輩移住者に話を聞く」（4.6％）といった
交流もやや多くなっている。実際に移住して生活するなかで、地元
での活動機会を増やしている様子がうかがえる。

(3)　事前の準備は事業規模に影響

　移住創業は、長く暮らしてきた地域で創業するのと比べ、地域の
慣習がわからなかったり人脈がなかったりして不都合を感じる場面
が多いのではないか。地元志向の事業を営む場合はなおさらであ
る。しかし、事前に誰かに相談をしたり、事業に関係する資源を引
き継いだりして備えている人は少なかった。準備の有無は、事業を
展開していくうえで影響しないのだろうか。

　そこで、前掲図1−11〜13でみた事前の取り組みの有無別に平
均月商の分布をみたところ、移住創業に当たり相談した相手がいる
ケースでは、いないケースに比べて「50万円未満」の割合が高く
なっている（図1−14）。予想に反して、誰かに相談した人の方が
売り上げ規模は小さい傾向がみられた。相談相手には知人や家族な
ど身近な人が多く、税理士などの専門家や金融機関は少なかったこ
とから（前掲図1−11）、移住創業前に相談している場合でも、そ
の内容が必ずしも事業へのアドバイスにつながっていないのかもし
れない。

　一方で、移住創業に当たりほかの企業から引き継いだものがある
人や、移住創業前に現在のエリアで何かを行ったという人は、それ
ぞれそうではない人と比べて平均月商が低い層が少ない。特に、ほ
かの企業から引き継いだものがある人は、「50万円未満」の割合が
41.7％と、そうでない人の75.2％を大きく下回る。なお、図1−14の

図1-14　移住前の取り組み別にみた平均月商

(単位：%)

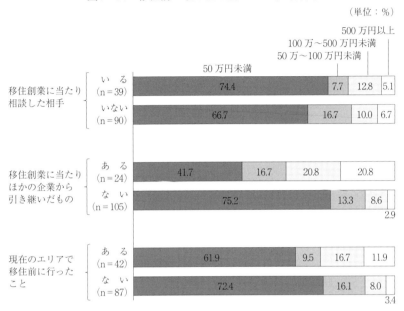

3項目はグループ別に比較したため回答数が特に少ないことから、それぞれの回答割合の差についてカイ二乗検定を行った。その結果、移住創業に当たりほかの企業から引き継いだものの有無にかかる結果は1％水準で有意となったが、残りの二つは10％水準でも有意にはならなかった[5]。

　村上・児玉・樋口（2017）の推計によれば、経営者の高齢化と後継者不足による廃業の増加は、特に地方で顕著になる。移住創業者

が地方の事業を一部でも引き継ぐことは、スムーズな創業につながるだけでなく、地域の生活環境を維持し、雇用を守ることになり、地域住民に受け入れられやすくなるのではないか。実際、移住創業者の現在の従業者規模を、経営資源の引き継ぎの有無で分けてみると、引き継いでいる場合は「1人（本人のみ）」の割合が62.5％と、そうでない場合（82.0％）に比べて約20ポイント低い。筒井・嵩・佐久間（2014）も、既存の経営基盤を引き継ぐことは地域になじむきっかけになるとして、移住者の農山村での「継業」を提唱している。このように、地域に根づいている経営資源を譲り受けて移住創業した方が、安定した売り上げを得やすくなると考えられる。

5　移住創業をして何を得たか

　移住の動機や移住先地域とのゆかりはさまざまだったが、事業は総じて小さい規模にとどまっている傾向がみられた。移住創業者は、移住創業した結果をどう感じているのだろうか。

(1) 満足度は高い

　まず、仕事をするうえでの裁量についてみてみたい。開業動機などから、移住創業者は働くうえでのゆとりや、私生活に充てる時間、自分のやりたいことなどを重視する傾向がみられた。事業における場所を「通常は自分の意向で決められる」という移住創業者は81.6％に上り、その他の創業者（74.3％）より多い（図1-15）。時間についても、「通常は自分の意向で決められる」との回答割合

図1－15　事業における場所の裁量

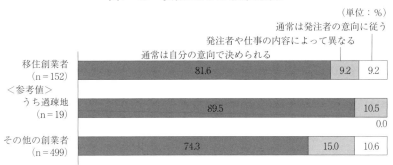

（単位：％）

通常は発注者の意向に従う
発注者や仕事の内容によって異なる
通常は自分の意向で決められる

移住創業者
（n＝152）　81.6　9.2　9.2

＜参考値＞
うち過疎地
（n＝19）　89.5　10.5
　　　　　　　0.0

その他の創業者
（n＝499）　74.3　15.0　10.6

図1－16　事業における時間の裁量

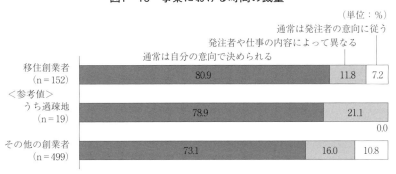

（単位：％）

通常は発注者の意向に従う
発注者や仕事の内容によって異なる
通常は自分の意向で決められる

移住創業者
（n＝152）　80.9　11.8　7.2

＜参考値＞
うち過疎地
（n＝19）　78.9　21.1
　　　　　　　0.0

その他の創業者
（n＝499）　73.1　16.0　10.8

が80.9％と、その他の創業者（73.1％）を上回る（図1－16）。仕事をするうえでの裁量は比較的大きいといえ、移住創業の目的はある程度かなえられているようである。

　そこで、ワークライフバランスに対する満足度をみると、「かなり満足」（12.5％）と「やや満足」（46.7％）を合わせた「満足」の割合は59.2％と過半を占めている（図1－17）。「かなり不満」という人も2.6％にすぎず、私生活との両立に問題を感じている人は少ない。

図1−17　ワークライフバランスに対する満足度

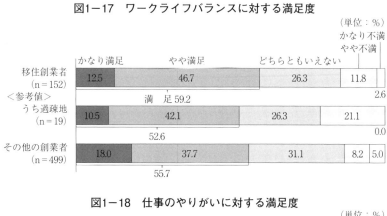

図1−18　仕事のやりがいに対する満足度

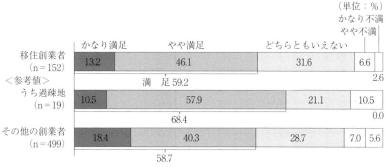

　仕事のやりがいに対する満足度も高い。移住創業者の「満足」の割合は59.2％である（図1−18）。サンプルサイズは小さいながら過疎地の移住創業者に限ってみると、「満足」している人が68.4％に上る。前述のとおり、商圏が小さく地域密着型の事業が多い過疎地では、その分地域のために役立っているという実感を覚えやすく、それがやりがいにつながっているのかもしれない。

　ただし、収入に関しては、「満足」している人は25.0％と少ない（図1−19）。その他の創業者も同程度（25.1％）であるため、移住しているかどうかにかかわらず、自身の事業による収入に満足でき

図1−19　収入に対する満足度

（単位：％）

	かなり満足	やや満足	どちらともいえない	やや不満	かなり不満
移住創業者 (n＝152)	3.9	21.1	34.9	19.1	21.1
＜参考値＞ うち過疎地 (n＝19)	10.5	21.1	42.1		26.3
その他の創業者 (n＝499)	4.2	20.8	29.5	24.0	21.4

満　足 25.0
10.5
25.1

図1−20　総合的な満足度

（単位：％）

かなり不満
やや不満

	かなり満足	やや満足	どちらともいえない	やや不満	かなり不満
移住創業者 (n＝152)	7.2	46.1	32.9	7.9	5.9
＜参考値＞ うち過疎地 (n＝19)	10.5	52.6	21.1	10.5	5.3
その他の創業者 (n＝499)	10.6	38.5	34.5	10.6	5.8

満　足 53.3
63.2
49.1

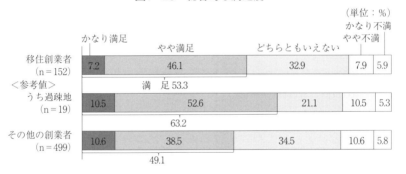

ている創業者は少ないといえる。過疎地の移住創業者に限ってみる
と「満足」との回答割合（10.5％）がひときわ低く、「やや不満」
（42.1％）と「かなり不満」（26.3％）の合計が7割近い。事業者や
消費者が少ない移住先で、想定以上に少ない収入しか得られなかっ
たということだろうか。

　総合的な満足度についても尋ねると、移住創業者の53.3％が「満
足」していると回答した（図1−20）[6]。収入の満足度が低かった過

6　ワークライフバランス、仕事のやりがい、収入、働く時間の長さについてそれぞ
れ満足度を尋ねたうえで、総合的な満足度を尋ねている。

図1−21　事業を経営している地域になじめているか

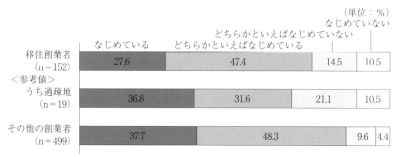

疎地の移住創業者は、総合では6割以上が「満足」している。その他の創業者（49.1％）に比べると移住創業者の「満足」の割合はやや高く、生活の拠点も働き方も自ら選んだ結果として、より大きな満足感を得られているのだろうと推測される。

(2) 移住先になじめていると定住意欲は強まる

　移住創業した結果に、総合的には満足している人が多い。この満足度のなかには、地域との関係性も含まれるだろう。事業を経営している地域に「なじめている」移住創業者は27.6％と、その他の創業者（37.7％）に比べて少ない（図1−21）。しかし、「どちらかといえばなじめている」（47.4％）と合わせれば4分の3と、大半の移住創業者は移住先と良好な関係を築いている。移住先の地域とのゆかりがない（前掲図1−2）場合でも69.8％がなじめている。ゆかりがある場合の77.8％に比べれば割合は低いが、決して少なくない。

　「なじめている」「どちらかといえばなじめている」と回答した人と、「なじめていない」「どちらかといえばなじめていない」と回答した人に分けて事業の売り上げや採算の状況をみると、いずれもな

図1−22　地域になじめているかどうかでみた売り上げと採算の状況

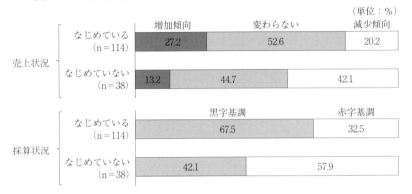

(注)「なじめている」は、図1−21で「なじめている」「どちらかといえばなじめている」と回
　　答した人。同じく「なじめていない」は「なじめていない」「どちらかといえばなじめて
　　いない」と回答した人。

じめている移住創業者の方の結果が勝っている。売り上げが「増加
傾向」である割合は、なじめている場合は27.2％と、なじめていな
い場合（13.2％）と比べて高い（図1−22）。「減少傾向」の割合は、
なじめている場合（20.2％）はなじめていない場合（42.1％）の半
分以下である。採算状況も、「黒字基調」の割合がなじめている場
合は67.5％と、なじめていない場合の42.1％を大きく上回る。なお、
なじめているか否かによる回答割合の差は、売上状況は5％水準、
採算状況は1％水準で有意であった[7]。

　地域になじむことで事業のパフォーマンスが上がり、新たな場所
で安定収入を得て生活を続けていく自信にもつながるのではない
か。将来の生活に対する不安を移住創業者全体でみると、「大いに
感じる」「感じる」との回答割合は合わせて44.8％となった
（図1−23）。その他の創業者（52.5％）に比べればやや低いが、決

7　カイ二乗検定によるp値は、売上状況で0.018、採算状況で0.005であった。

図1−23　将来の生活に対する不安

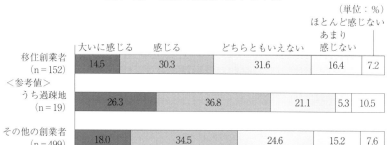

（単位：％）

移住創業者
（n＝152）

＜参考値＞
うち過疎地
（n＝19）

その他の創業者
（n＝499）

区分	大いに感じる	感じる	どちらともいえない	あまり感じない	ほとんど感じない
移住創業者（n＝152）	14.5	30.3	31.6	16.4	7.2
うち過疎地（n＝19）	26.3	36.8	21.1	5.3	10.5
その他の創業者（n＝499）	18.0	34.5	24.6	15.2	7.6

図1−24　定住の意向

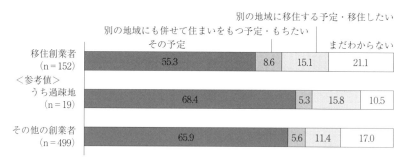

（単位：％）

区分	その予定	別の地域にも併せて住まいをもつ予定・もちたい	別の地域に移住する予定・移住したい	まだわからない
移住創業者（n＝152）	55.3	8.6	15.1	21.1
うち過疎地（n＝19）	68.4	5.3	15.8	10.5
その他の創業者（n＝499）	65.9	5.6	11.4	17.0

して少なくない人が移住先での生活に不安を感じている。不安を感じている人の割合を、移住先地域になじめているかどうかで分けてみると、なじめている場合は41.2％と、なじめていない場合（55.3％）を大きく下回る。移住先地域との関係の良しあしが生活の安定にも影響することがわかる。

　地域との関係性は、今後の定住の意向にも表れそうである。現在のエリアに今後定住するかどうか尋ねたところ、移住創業者全体では、「その予定」との回答割合は55.3％と半数以上である（図1−24）。ただし、その他の創業者の65.9％と比べると少ない。なお、過

図1-25　地域になじめているかどうかでみた定住の意向

(単位：％)

	別の地域にも併せて住まいをもつ予定・もちたい その予定	別の地域に移住する予定・移住したい	まだ わからない
なじめている (n＝114)	65.8	7.9	12.3	14.0
なじめていない (n＝38)	23.7	10.5	23.7	42.1

(注) 図1-22(注)に同じ。

疎地で移住創業した人に限ってみると、68.4％と7割弱の人が定住の意向を固めている。

　続いて、定住の意向を移住先地域になじめているかどうかで分けてみると、なじめている移住創業者は65.8％が定住する予定である（図1-25）。一方で、なじめていない人では「その予定」は23.7％と少なく、42.1％が「まだわからない」と回答している。移住先地域になじむことは、そこでの事業のパフォーマンスを上げるだけでなく、生活における不安を和らげ、その地に根づこうという意思を強めることにつながっている。

6　移住前から地域との継続的なかかわりを

　ここまで、当研究所が全国の移住創業者に対して実施したインターネットアンケートの結果をもとに、移住創業者の実態をひもといてきた。

　移住創業者は女性や若年層の割合が高く、ゆとりや個人の生活を

重視して創業する人が相対的に多くみられた。移住創業者という
と、地方に新しいビジネスを持ち込んだり、地域の課題解決に率先
して取り組んだりする精力的な姿をイメージしがちだが、データか
らは、結婚や夫の転勤を機に移住した先で創業して、家事の合間に
家計の足しを得ようとする女性や、Uターン先でゆとりをもって
生活するために創業する人などの姿も浮かぶ。そして、移住創業し
た結果は多くの人が満足していた。移住創業が働き方の選択肢を広
げ、仕事や生活の多様化の実現に寄与していることがわかる。

　平均月商や従業者数からみる事業規模は総じて小さかったが、少
なくとも移住創業者自身の分以上の雇用を地方で生み出している。
さらに、仕入先や商圏は地元を重視している人が多く、規模は小さ
いながら、移住創業することにより地域で新たな経済循環を起こし
ているといえる。

　なお、序章でみたように、事前に移住予定地でのマッチングや事
業のトライアルを行うことは移住創業を軌道に乗せる近道であった
が、実際に移住創業前に誰かに相談したり、地域の活動に参加した
りしている人はわずかだった。創業に当たりほかの企業から設備や
従業員を引き継いだという人も少ない。ただ、事前の備えは事業規
模にプラスに作用し、経営資源を受け継いで創業したケースではそ
の傾向が明らかであった。移住創業を促し地域活性化につなげてい
くためには、行政や民間の相談窓口や継業に関するマッチングサイ
トなどの活用を推進していく必要があるだろう。

　加えて、移住先の地域になじめている移住創業者は、事業のパ
フォーマンスが比較的高く、定住の意向も強かったことから、移住後
も地域とのかかわりを深めることが大切だといえる。これには、移

住創業者を迎え入れる地域の住民にも理解と協力が求められる。より多くの移住創業を成功させれば、地域経済もそれだけ活性化する。続く第2章では、地方に暮らす住民の側にスポットを当てたい。

（桑本 香梨）

＜参考文献＞

筒井一伸・嵩和雄・佐久間康富著、小田切徳美監修（2014）『移住者の地域起業による農山村再生』筑波書房

村上義昭・児玉直美・樋口美雄（2017）「地域別企業数の将来推計」財務省財務総合政策研究所『フィナンシャル・レビュー』第131号、pp.71-96

李永俊・杉浦裕晃（2017）「地方回帰の決定要因とその促進策―青森県弘前市の事例から―」財務省財務総合政策研究所『フィナンシャル・レビュー』第131号、pp.123-143

第2章

◆ ◆ ◆

地域住民の
移住創業者に対する意識

1　地方の住民の意識をとらえる調査

　第1章では、アンケート調査により移住して創業した人たちの実態に迫った。その結果、地域になじめている移住創業者の方が、事業のパフォーマンスが良く、定住の意向も強い傾向がみられた。移住創業者にとって移住先の地域になじむことは、人口・経済規模の小さい地方では特に、事業をスムーズに始め、持続・拡大させていくために重要なことである。

　移住創業者が地域になじむためには、彼らを受け入れる側である地域の住民の姿勢もポイントになるが、なかには「ヨソモノ」をあまり歓迎しないような人もいるだろう。地方の住民は移住創業者にどのような意識をもっているのか。移住促進の一環として、住民に対して移住者の受け入れに関する調査をしている自治体もあるが、全国規模の調査はほとんど存在しない。さらに、2020年以降の新型コロナウイルスの感染拡大を受けて、感染者数が多い都市からの人の流入を不安に感じるなど、移住者に対する意識に変化があるかもしれない。

　そこで、当研究所では移住創業者を受け入れる側となる地方の住民を対象とした「移住創業に対する住民の意識調査」（以下、本調査）を実施した。その結果から、地域住民と移住創業者が良好な関係を築くための手がかりを見出したい。

(1) 調査の概要と定義

　本調査は、インターネット調査会社にモニターとして登録している18〜69歳の人を対象として、2021年12月から2022年1月にかけて

「移住創業に対する住民の意識調査」の実施要領

調査時点：2021年12月～2022年1月
調査対象：全国の18歳から69歳までの人
調査方法：
・インターネットによるアンケート（事前調査と詳細調査の2段階）
・インターネット調査会社から登録モニターに電子メールで回答を依頼し、ウェブサイト上の調査画面に回答者自身が回答を入力
回収数：①事前調査　　6,198人
　　　　②詳細調査　　1,049人（本章の調査対象）

実施した。地方での生活環境や移住者とのかかわりについて詳しく尋ねるため、調査の対象は、地方の住民で、現在の市町村に住み始めて10年以上経過している人とした。要件に該当する人を事前調査で抽出したうえで詳細調査を実施し、1,049人から回答を得た。なお、現在の市町村での居住年数の平均は37.6年であった。

　地方の範囲は、三大都市圏（東京都、神奈川県、埼玉県、千葉県、愛知県、岐阜県、三重県、大阪府、京都府、兵庫県、奈良県）および三大都市圏以外の政令指定都市（札幌市、仙台市、新潟市、静岡市、浜松市、岡山市、広島市、北九州市、福岡市、熊本市）を除く地域とした。回答者の居住地域をブロック別にみると、北海道8.7％、東北16.3％、関東甲信20.1％、東海4.6％、北陸9.2％、近畿5.4％、中国10.1％、四国8.8％、九州16.9％であった[1]。

　以下の分析では、回答者全体を「地方」、そのうち過疎地に住む人を「うち過疎地」として示している。過疎地は2021年4月施行の「過疎地域の持続的発展の支援に関する特別措置法」に基づいて抽

---

[1]　東北は青森県、岩手県、宮城県、秋田県、山形県、福島県。関東甲信は茨城県、栃木県、群馬県、山梨県、長野県。東海は静岡県。北陸は新潟県、富山県、石川県、福井県。近畿は滋賀県、和歌山県。中国は鳥取県、島根県、岡山県、広島県、山口県。四国は徳島県、香川県、愛媛県、高知県。九州は福岡県、佐賀県、長崎県、熊本県、大分県、宮崎県、鹿児島県、沖縄県。いずれも県内の政令指定都市を除く。

出した²。回答者のうち、過疎地に住む人の割合は14.0％であった。

　本調査における「移住者」は、回答者が居住する「生活圏」内に ほかの地域から過去5年以内に移住した人とした。移住者であって も地域に住み始めて長い年月が経過している場合、地域での生活様 式になじんでいたり、地域の人とのつながりが強固になっていたり と、移住者というよりも地域の住民に近い意識をもっていると考え られるからである。日常生活で交流のある移住者について調査する ため、「生活圏」は回答者である地域住民の居住地から半径10キロ メートル未満のエリアとした。また、移住者のうち生活圏内で事業 を始めた人を「移住創業者」とした。

(2) 回答者の属性

　詳細調査の回答者の属性をみると、性別は「男性」が63.4％、「女 性」が36.6％であった。年齢は「18〜29歳」が2.6％、「30歳代」が 6.8％、「40歳代」が23.5％、「50歳代」が34.0％、「60歳代」33.2％ であり、平均年齢は53.5歳であった。

　職業（複数回答）は「事業経営者」が10.2％、「勤務者」が52.2％ （「役員」2.7％、「正社員」30.7％、「非正社員」19.4％）、「学生」が 0.2％、「主婦・主夫」が15.7％、「現役は引退した」が8.1％、「現在 就いている職業はない」が13.9％である。

　同居する家族の人数（回答者本人を含む）は、「2人」（33.6％）、 「3人」（24.8％）、「1人（本人のみ）」（14.6％）の順に多い。家族

2　第1章では、移住創業者向けアンケートの調査時点で有効であった「過疎地域自立 促進特別措置法」（2021年3月末期限）を基準にしている。ただし、ほとんどの市町 村で過疎地の認定が継続されており、大きな違いはない。

図2-1　居住する市町村との関係（複数回答）

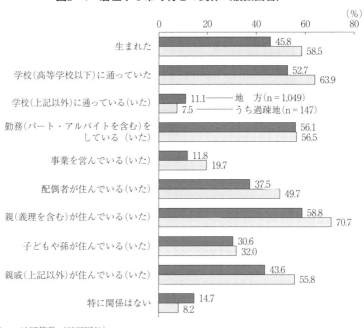

（注）1　nは回答数（以下同じ）。
　　　2　割合は小数第2位を四捨五入している（以下同じ）。

の世代構成については、核家族が71.8％と多くを占め、2世代同居が7.6％であった。

　現在住まいのある市町村との関係（複数回答）で最も多いのは、「親（義理を含む）が住んでいる（いた）」（58.8％）である（図2-1）。過疎地の人に限ってみると70.7％に上る。親の代以前から地域とのかかわりをもつ家庭の人が多いようだ。2番目は「勤務（パート・アルバイトを含む）をしている（いた）」（56.1％）で、地域で働いた経験をもつ人が半数を超える。「特に関係はない」（14.7％）という人は少なく、居住年数が平均37.6年と長いこと

図2−2　生活圏の活気

(注)「生活圏」は居住地から半径10キロメートル未満のエリア(以下同じ)。

と考え合わせると、本調査の回答者は地域をよく知る人たちとみることができる。

2　地域とのかかわり

　本節では生活圏に対する意識や、周囲にいる移住者や移住創業者など、回答者本人の地域とのかかわりについてみていく。

(1) 地域活動への参加率が高い

　生活圏に活気が「ある」(7.7%)、または「どちらかといえばある」(34.3%)と回答した人は42.0%であった(図2−2)。地方のなかでも人口減少が著しい過疎地では、活気が「ない」(23.8%)と答える人が地方(12.9%)よりも10.9ポイント多い。

　一方、生活圏への愛着については地方と過疎地で大きな差はみられない。愛着が「ある」(25.9%)、または「どちらかといえばある」(44.8%)と回答した人は70.7%と多く、過疎地でも69.4%を占める(図2−3)。30年以上暮らしている住み慣れた場所であり、愛着を

図2－3　生活圏への愛着

（単位：%）

	ある	どちらかといえばある	どちらかといえばない	ない
地　方（n＝1,049）	25.9	44.8	19.4	9.8
うち過疎地（n＝147）	26.5	42.9	15.6	15.0

図2－4　生活圏で参加したことのある地域の活動（複数回答）

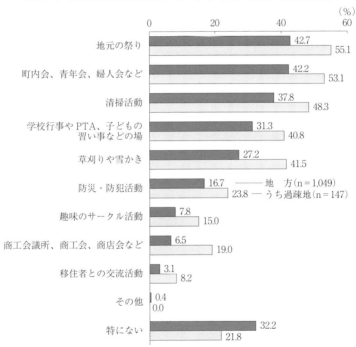

（％）

活動	地　方（n＝1,049）	うち過疎地（n＝147）
地元の祭り	42.7	55.1
町内会、青年会、婦人会など	42.2	53.1
清掃活動	37.8	48.3
学校行事やPTA、子どもの習い事などの場	31.3	40.8
草刈りや雪かき	27.2	41.5
防災・防犯活動	16.7	23.8
趣味のサークル活動	7.8	15.0
商工会議所、商工会、商店会など	6.5	19.0
移住者との交流活動	3.1	8.2
その他	0.4	0.0
特にない	32.2	21.8

もつ人が多いのであろう。

　生活圏で参加したことのある地域の活動（複数回答）は、「地元の祭り」（地方42.7％、うち過疎地55.1％）が最も多い（図2－4）。

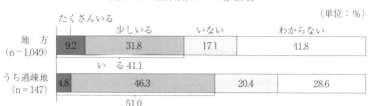

図2－5　生活圏にいる移住者

(注)「移住者」は生活圏にほかの地域から過去5年以内に移住してきた人(以下同じ)。

次いで多いのは「町内会、青年会、婦人会など」(同42.2%、53.1%)、「清掃活動」(同37.8%、48.3%)である。「特にない」と回答した人の割合は地方で32.2%、過疎地では21.8%にとどまる。過疎地では「その他」を除くすべての地域活動で、回答割合が地方を上回っている。若い世代の転出や高齢化により、活動の担い手が少なくなっていることから、参加する住民の割合が高くなっているのだろう。

(2) 日常生活や地域活動で移住者と交流

　住民は生活圏にいる移住者や移住創業者をどの程度認識しているのだろうか。生活圏に移住者が「たくさんいる」(9.2%)、「少しいる」(31.8%)を合わせた「いる」の割合は41.1%である(図2－5)。過疎地では51.0%と特に高く、「わからない」は28.6%と地方(41.8%)に比べて低い。人口が少ない過疎地では移住者を認識しやすいということだろうか。

　なお、移住者が「いる」と回答した人に、交流の程度とその人数を尋ねると、「よく話す人」は平均1.7人、「あいさつ程度の人」は3.7人であった。

図2−6　移住者と交流する場や機会（複数回答）

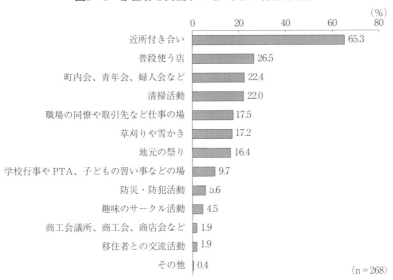

(注) 1　生活圏の移住者のなかに「よく話す人」または「あいさつ程度の人」が1人以上いる
　　　　人に尋ねたもの。
　　　2　過疎地の住民は回答数が少ないため、記載を省略した。

　では、地域の住民はどのような場や機会を通じて移住者と交流し
ているのか。生活圏に「よく話す」あるいは「あいさつ程度」の移
住者がいる人に、複数回答で交流している場や機会を尋ねた。最も
多いのは「近所付き合い」（65.3％）で、「普段使う店」（26.5％）、
「町内会、青年会、婦人会など」（22.4％）、「清掃活動」（22.0％）
が続く（図2−6）。日々の暮らしのなかでの交流が多いものの、
町内会や清掃活動といった地域の行事も交流の機会として一定の割
合を占めている。第1章でみたように、地元の祭りや町内会、青年
会、婦人会といった地域の会合に参加している移住創業者は少な
かった（前掲図1−13）が、こうした場は、移住者にとって、よ

図2−7　移住創業者の事業所や店の有無

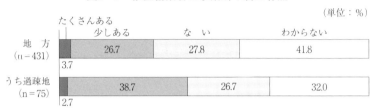

（単位：％）

図2−8　移住創業者の事業所や店の利用

（注）図2−7で移住創業者の事業所や店が「たくさんある」「少しある」のいずれかを選択した人に尋ねたもの。

り多くの住民に顔を覚えてもらったり、人となりを知ってもらったりする機会になるはずである。

(3) 半数以上が移住創業者の店を利用

生活圏に移住者が「いる」人のうち、移住創業者の事業所や店が生活圏に「たくさんある」（3.7％）、または「少しある」（26.7％）と回答した人は、合わせて30.4％となった（図2−7）。過疎地では41.3％と10ポイントほど多い。

図2−8は移住創業者の事業所や店が生活圏にある人に、その利

図2－9　移住創業者の事業所や店を利用する理由（複数回答）

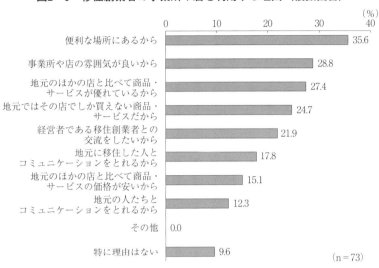

(%)

便利な場所にあるから　35.6

事業所や店の雰囲気が良いから　28.8

地元のほかの店と比べて商品・サービスが優れているから　27.4

地元ではその店でしか買えない商品・サービスだから　24.7

経営者である移住創業者との交流をしたいから　21.9

地元に移住した人とコミュニケーションをとれるから　17.8

地元のほかの店と比べて商品・サービスの価格が安いから　15.1

地元の人たちとコミュニケーションをとれるから　12.3

その他　0.0

特に理由はない　9.6

(n＝73)

(注)　1　図2－8で移住創業者の事業所や店を「よく利用する」「ときどき利用する」のいずれ
　　　　　かを選択した人に尋ねたもの。
　　　2　図2－6(注)2に同じ。

用頻度を尋ねた結果である。「よく利用する」（10.7％）と「ときど
き利用する」（45.0％）を合わせた「利用する」割合は55.7％であっ
た。「利用しない」人も15.3％いる。回答数は少ないが、過疎地に
限定してみると、3割弱の人が「利用しない」と回答している。第
1章では、過疎地の移住創業者は商圏を地元にする傾向が比較的強
かったが、より限られた地元の人を相手にビジネスをしているとい
うことかもしれない。

　移住創業者の事業所や店を「利用する」人にその理由を複数回答
で尋ねた結果が図2－9である。「便利な場所にあるから」（35.6％）
が最も多く、「事業所や店の雰囲気が良いから」（28.8％）が2番
目となっている。アクセスや雰囲気の良さが店を選ぶ際の決め手に

図2-10　移住創業者は地域になじめているか

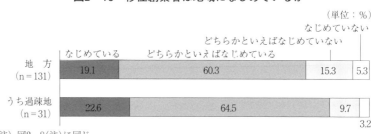

(注)　図2-8(注)に同じ。

なっている。続いて「地元のほかの店と比べて商品・サービスが優れているから」（27.4％）、「地元ではその店でしか買えない商品・サービスだから」（24.7％）が多い。「地元のほかの店と比べて商品・サービスの価格が安いから」（15.1％）は7番目と相対的に少ない。価格よりも商品・サービスの内容を重視している人が多い。

　また、79.4％の住民が、生活圏で事業を営む移住創業者が地域に「なじめている」（19.1％）、または「どちらかといえばなじめている」（60.3％）と感じている（図2-10）。住民は面識のある移住創業者の多くを地域の一員とみているようである。ただし、この設問は住民が認識していない移住創業者を対象にしていない点に注意が必要である。

3　移住創業者の受け入れへの意識

　ここまで地方の住民の地域とのかかわりについてみてきた。続いては身近に移住者や移住創業者がいないという人も含めて、移住創業者の受け入れに対する意識をみていく。

図2－11　移住創業者を歓迎するか

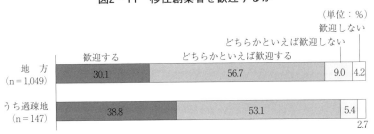

(1) 移住創業者の受け入れには前向き

　生活圏で移住創業者を「歓迎する」（30.1％）、「どちらかといえば歓迎する」（56.7％）と答えた人は合わせて86.8％と、大半の住民が移住創業者を歓迎している（図2－11）。特に過疎地では91.8％と多い。

　なお、移住創業者を「歓迎しない」（4.2％）、「どちらかといえば歓迎しない」（9.0％）との回答は合わせて13.2％と少ないが、この1割強の回答に、2020年以降の新型コロナウイルスの感染拡大は影響しているのだろうか。そこで、「歓迎しない」または「どちらかといえば歓迎しない」と回答した人に、そう考えるに当たりコロナ禍が影響しているか尋ねた。「影響している」（3.6％）、または「どちらかといえば影響している」（23.2％）と回答した人は3割弱おり[3]、コロナ禍が移住創業者に対する受け入れ意欲を低下させる一因となったことがわかる。

　移住創業者が増えることは地域にとって「良いことだと思う」（34.5％）、または「どちらかといえば良いことだと思う」（55.3％）

3　ほかの選択肢は「どちらかといえば影響していない」（29.7％）「影響していない」（43.5％）である。

図2−12　移住創業者の増加は地域にとって良いことか

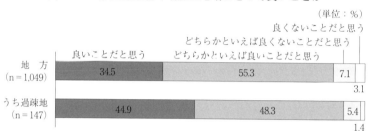

（単位：％）

良くないことだと思う

どちらかといえば良くないことだと思う

どちらかといえば良いことだと思う

良いことだと思う

	良いことだと思う	どちらかといえば良いことだと思う	どちらかといえば良くないことだと思う	良くないことだと思う
地　方 (n＝1,049)	34.5	55.3	7.1	3.1
うち過疎地 (n＝147)	44.9	48.3	5.4	1.4

図2−13　移住創業者の増加が良いと思う理由（複数回答）

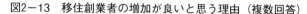
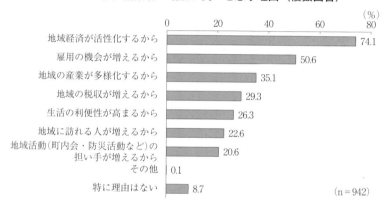

（％）

地域経済が活性化するから	74.1
雇用の機会が増えるから	50.6
地域の産業が多様化するから	35.1
地域の税収が増えるから	29.3
生活の利便性が高まるから	26.3
地域に訪れる人が増えるから	22.6
地域活動(町内会・防災活動など)の担い手が増えるから	20.6
その他	0.1
特に理由はない	8.7

（n＝942）

（注）1　図2−12で「良いことだと思う」「どちらかといえば良いことだと思う」のいずれかを選択した人に尋ねたもの。
　　　2　図2−6(注)2に同じ。

　との回答割合も89.8％と大多数に上り、多くの住民が移住創業者を肯定的にとらえている（図2−12）。過疎地に限れば、その割合は93.2％に上がる。

　移住創業者が増えることは地域にとって「良いことだと思う」または「どちらかといえば良いことだと思う」と回答した人にその理由を複数回答で尋ねたところ、最も多いのは「地域経済が活性化するから」（74.1％）であった（図2−13）。「雇用の機会が増えるか

図2−14　移住創業者の増加が良くないと思う理由（複数回答）

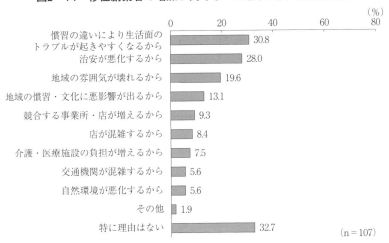

(注) 1　図2−12で「良くないことだと思う」「どちらかといえば良くないことだと思う」のいずれかを選択した人に尋ねたもの。
　　 2　図2−6(注)2に同じ。

ら」（50.6％）、「地域の産業が多様化するから」（35.1％）が続く。移住創業者に事業を通じて地域を活気づける役割を期待しているといえる。

　一方、移住創業者が増えることは「良くないことだと思う」または「どちらかといえば良くないことだと思う」人の理由（複数回答）として多かったのは、「慣習の違いにより生活面のトラブルが起きやすくなるから」（30.8％）、「治安が悪化するから」（28.0％）などであった（図2−14）。移住創業者には近所付き合いのなかで慣習を身につけたり、あいさつ回りや地域の活動のなかで顔を覚えてもらったりすることで、地域の人たちの不安を和らげることが求められる。

図2−15　移住創業者と積極的にかかわりたいか

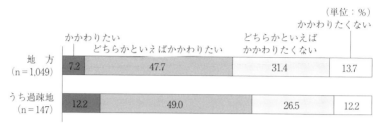

図2−16　移住支援活動に協力したいか

（2）移住者支援にはやや消極的

　移住創業者と積極的に「かかわりたい」（7.2％）、または「どちらかといえばかかわりたい」（47.7％）人は54.9％と、半数程度である（図2−15）。また、移住者への支援活動に「協力したい」（9.6％）、「どちらかといえば協力したい」（51.7％）との回答割合は合わせて61.3％であった（図2−16）。移住創業者を「歓迎する」または「どちらかといえば歓迎する」と回答した人が9割近くと多かった（前掲図2−11）のに比べると、移住創業者と進んでかかわろうと考えている人は少ない結果となっている。移住創業者を「歓迎する」または「どちらかといえば歓迎する」と答えた人に絞ってみても、移住創業者と「かかわりたい」（8.2％）と「どちらかといえばかかわりたい」（54.1％）を合わせた割合は

62.3％[4]、支援活動に「協力したい」（10.8％）と「どちらかといえば
協力したい」（58.1％）を合わせた割合は68.8％であった[5]。移住創
業者を歓迎する姿勢はあっても、それが直ちに自らかかわりをも
つことや移住を支援することにつながるわけではないようだ。

(3) 地域への愛着が積極的な移住支援に

　移住や定住を促進する自治体にとって、移住検討者に向けたツ
アーや説明会などに協力してくれたり、移住後のフォローをしてく
れたりする地元の人は欠かせない存在である。地元の人たちの雰囲
気や温かさが魅力として伝わり、移住を決める人もいるだろう。で
は協力者となってくれる地域の人はどのような人たちなのか。

　地域に愛着をもつ人ほど、人口が減少して活気がなくなっていく
現状を憂い、地域固有の自然や伝統を残したいと強く考えるのでは
ないか。また、そうした人たちは地域の魅力を伝えたり、分かち
合ったりしたいと思う傾向も強いと予想される。

　そこで前掲図2−3でみた生活圏への愛着について、「ある」また
は「どちらかといえばある」と回答した人を「愛着がある」「な
い」または「どちらかといえばない」と回答した人を「愛着がな
い」として、それぞれのグループで移住創業者とのかかわり方に関
する考えの違いをみてみた。移住創業者と「かかわりたい」（8.4％）、
または「どちらかといえばかかわりたい」（54.2％）割合は、愛
着がある人では62.5％と、ない人（36.5％）よりもかなり高い

4　「どちらかといえばかかわりたくない」は30.4％、「かかわりたくない」は7.2％で
　あった。
5　「どちらかといえば協力したくない」は25.4％、「協力したくない」は5.8％であった。

図2-17　生活圏への愛着の有無別でみた移住創業者とのかかわり

（単位：％）

（注）「愛着がある」は、図2-3で愛着が「ある」「どちらかといえばある」と回答した人。同じく「愛着がない」は愛着が「ない」「どちらかといえばない」と回答した人（以下同じ）。

図2-18　生活圏への愛着の有無別でみた移住支援活動への協力

（単位：％）

（図2-17）。一方で、「かかわりたくない」割合は、愛着がある人で9.0％と、愛着がない人の25.1％に比べて低い。

　同じく移住の支援活動をみると、愛着がある人のうち支援活動に「協力したい」（11.3％）、「どちらかといえば協力したい」（58.6％）と回答した割合は合わせて69.9％で、愛着のない人（40.4％）を30ポイント近く上回る結果となった（図2-18）。地域に愛着をもつ人は移住創業者を受け入れ、積極的にかかわろうとする人が多い。

　また、自ら事業を経営している人とそうでない人を比べた場合はどうだろうか。事業をしている人は、人口減少が進み、消費者や納入先、仕入先のほか、働き手も減っていくことに対して、ほかの住民より危機感を強めていると考えられる。その分、移住創業者に対

図2－19　事業経営者かどうかでみた移住創業者とのかかわり

(注)「事業経営者」は、現在の職業が「事業（会社または個人事業）経営者」で、かつ「勤務者（役員、正社員、パート・アルバイトなど非正社員）」でなく、職場が生活圏に「ある」人（以下同じ）。

して一緒に地域の経済を活性化させる仲間として、より好意的になるのではないか。そこで、住民を、生活圏で事業経営を専業[6]にしている人（以下、「事業経営者」という）とそれ以外の人に分けて移住創業者とのかかわりや移住支援に対する意識をみてみよう。

　移住創業者と「かかわりたい」（13.1％）、「どちらかといえばかかわりたい」（55.6％）と答えた事業経営者の割合は合わせて68.7％と、事業経営者以外（53.5％）と比べて高い（図2－19）。移住支援に「協力したい」（15.2％）、または「どちらかといえば協力したい」（54.5％）と考える人の割合（69.7％）も事業経営者以外（60.4％）より高い（図2－20）。事業経営者は移住者の受け入れに協力的な人が多いようだ。生活圏で事業を運営する経営者は公私ともに人脈が広く、移住創業者と多くの住民をつなぐ助けにもなるだろう。

6　本調査は現在の職業を複数回答で尋ねているため、ここでの「事業経営者」は、「事業（会社または個人事業）経営者」でかつ「勤務者（役員、正社員、パート・アルバイトなど非正社員）」でない人とした。

図2−20　事業経営者かどうかでみた移住支援活動への協力

（単位：％）

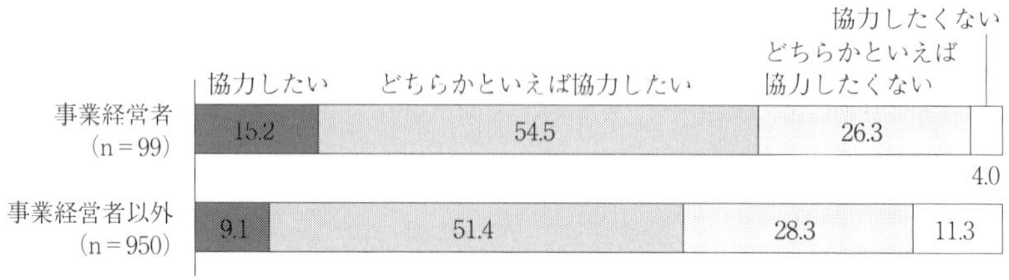

協力したくない
どちらかといえば
協力したくない

協力したい　　どちらかといえば協力したい

事業経営者 （n＝99）	15.2	54.5	26.3	

4.0

事業経営者以外 （n＝950）	9.1	51.4	28.3	11.3

4　移住創業者への期待

　移住創業者に対して、かかわり方の考えこそ濃淡があるものの、大部分の住民が歓迎すると回答していた。歓迎の姿勢には移住創業者への期待があるのではないだろうか。人口減少が進む地域で移住者や移住創業者が地域の抱える問題を解決した例も少なくない。そこで、本節では、住民が移住創業者に期待することについてみていきたい。

（1）地域の問題の解消を期待

　まずは現在の生活圏に住み続けるうえで不安なこと（複数回答）から、地域に暮らすうえでの問題を探る。最も多いのは、「若者の減少」（31.9％）で、次いで「公共料金が高くなること」（31.8％）であった（図2−21）。過疎地ではほとんどの項目で地方を上回っている。なかでも差が大きいのは、順に「医療・介護施設の減少」（地方15.8％、うち過疎地40.8％）、「食料品や日用品などの買い物をする店舗の減少」（同23.5％、43.5％）、「若者の減少」（同31.9％、51.0％）、「働く場の減少」（同20.6％、38.8％）である。人口減少が著しい過

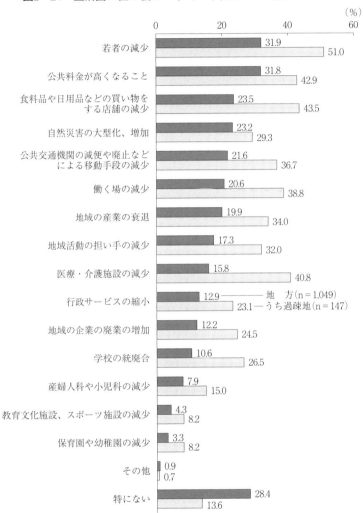

図2-21　生活圏に住み続けるうえで不安なこと（複数回答）

疎地の住民の方が、地域の将来に対する危機意識も大きいようだ。

　そうしたなか、生活圏にどのような人が移住してきてほしいか（複数回答）を尋ねたところ、属性面では「若年層」（61.8％）が最も

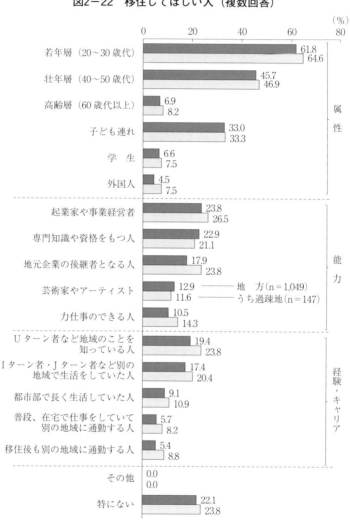

図2−22　移住してほしい人（複数回答）

多い（図2−22）。能力の面では「起業家や事業経営者」（23.8％）、
経験・キャリアでは「Uターン者など地域のことを知っている人」

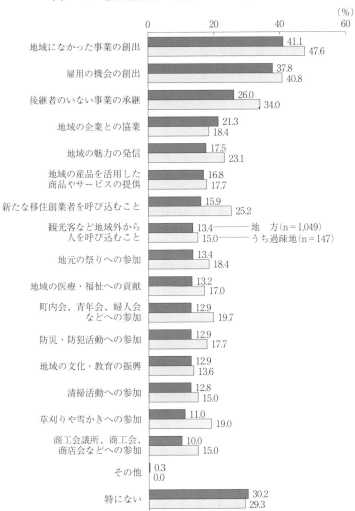

図2−23　移住創業者に期待すること（複数回答）

（19.4％）であった。移住創業者に期待すること（複数回答）は、
「地域になかった事業の創出」（41.1％）が最も多い（図2−23）。

次いで「雇用の機会の創出」（37.8％）、「後継者のいない事業の承継」（26.0％）が続く。ほとんどの項目で過疎地の方が回答割合は高くなっており、特に地方を大きく上回る割合となったのは、順に「新たな移住創業者を呼び込むこと」（地方15.9％、うち過疎地25.2％）、「後継者のいない事業の承継」（同26.0％、34.0％）、「草刈りや雪かきへの参加」（同11.0％、19.0％）である。過疎地では高齢化の進展で地元企業の存続のほか、雪かきや草刈りといった体力が必要な仕事の担い手の確保が難しくなっており、移住創業者にその役割を期待する面が大きいのではないだろうか。

　移住創業者に起業してほしい業種も、不安の内容に対応したものが多い。複数回答で尋ねると、最も高い割合となったのは「飲食業」（23.7％）である（図2−24）。次いで「生活関連の小売・サービス業」（23.6％）、「農業」（22.4％）が続く。過疎地では、生活圏での不安で高い割合であった「若者の減少」や「食料品や日用品などの買い物をする店舗の減少」「医療・介護施設の減少」（前掲図2−21）に対応するかたちで、「農業」（30.6％）や「生活関連の小売・サービス業」（25.2％）、「医療・福祉」（21.1％）の割合が高くなっている。生活圏に対する不安を移住創業により解消してもらいたいという思いがうかがえる。

（2）事業経営者が移住創業のサポーターに

　前掲図2−19、20でみたように事業経営者は移住創業者とかかわったり、移住の支援に協力したりすることに前向きな人が多かった。そこで再び事業経営者とそれ以外の人に分けて、移住者や移住創業者に求めることを比較する。

図2-24　生活圏で起業してほしい業種（複数回答）

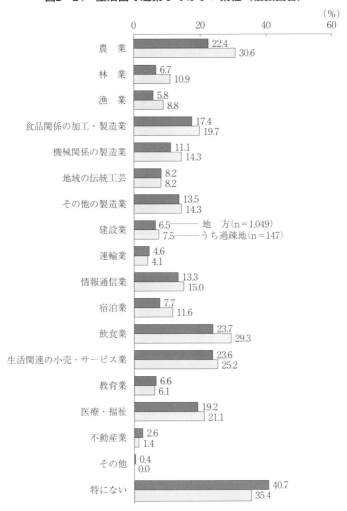

先に生活圏に住み続けるうえで不安に思っていることをみると、事業経営者とそれ以外とで差が大きかったのは、「若者の減少」（事

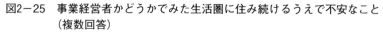

図2−25　事業経営者かどうかでみた生活圏に住み続けるうえで不安なこと（複数回答）

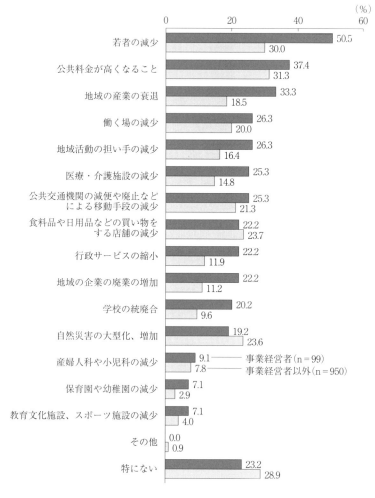

業経営者50.5％、事業経営者以外30.0％）や「地域産業の衰退」（同33.3％、18.5％）である（図2−25）。働き手や消費者、仕入先が

減り、地域の経済が縮小すると域内での事業経営にマイナスの影響を与える。ほとんどの項目で事業経営者の方がそれ以外の人たちよりも高い割合だったことから、やはり地域経済の衰退に対する危機感を特に強くもっていることがわかる。この危機感が移住創業者のサポートへの積極性につながっているのだと考えられる。

　図には示していないが、移住してほしい人を事業経営者とそれ以外とで分けてみると、差が最も大きかったのは、「起業家や事業経営者」（事業経営者36.4％、事業経営者以外22.5％）であった。また、移住創業者に期待することとして最も多かったのは「地域になかった事業の創出」（事業経営者50.5％、事業経営者以外40.1％）であった。同じ生活圏で事業を展開する事業経営者にとって、移住創業者は競合相手になるかもしれない一方で、地域に新しい刺激をもたらしてくれることへの期待の方が強いことがわかる。

(3) ともに住みよい地域をつくる

　最後に回答者全体で、移住者を増やすために都市部に比べて障害となっていること（複数回答）をみると、最も多いのは「働く場が少ない」（地方47.2％、うち過疎地67.3％）である（図2－26）。過疎地で特に高く、移住者が自ら働く場をつくりだす意義は大きいといえる。2番目に多いのは、「交通の便が悪い」（同46.5％、56.5％）で3番目は「娯楽施設が少ない」（同23.8％、32.7％）であった。

　過疎地で比較的高い割合となっているものは「産婦人科や小児科が少ない」（地方11.0％、うち過疎地24.5％）や「食料品や日用品などの買い物が不便」（同18.2％、29.3％）などである。移住創業をサポートすることで生活の不安を解消し、これらの障害を補うこと

図2-26　都市部と比較して移住者を増やすうえで障害になること

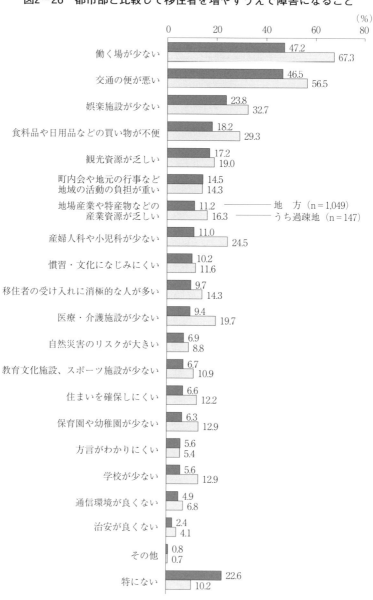

働く場が少ない 47.2 / 67.3

交通の便が悪い 46.5 / 56.5

娯楽施設が少ない 23.8 / 32.7

食料品や日用品などの買い物が不便 18.2 / 29.3

観光資源が乏しい 17.2 / 19.0

町内会や地元の行事など地域の活動の負担が重い 14.5 / 14.3

地場産業や特産物などの産業資源が乏しい 11.2 / 16.3

産婦人科や小児科が少ない 11.0 / 24.5

慣習・文化になじみにくい 10.2 / 11.6

移住者の受け入れに消極的な人が多い 9.7 / 14.3

医療・介護施設が少ない 9.4 / 19.7

自然災害のリスクが大きい 6.9 / 8.8

教育文化施設、スポーツ施設が少ない 6.7 / 10.9

住まいを確保しにくい 6.6 / 12.2

保育園や幼稚園が少ない 6.3 / 12.9

方言がわかりにくい 5.6 / 5.4

学校が少ない 5.6 / 12.9

通信環境が良くない 4.9 / 6.8

治安が良くない 2.4 / 4.1

その他 0.8 / 0.7

特にない 22.6 / 10.2

地　方（n＝1,049）
うち過疎地（n＝147）

ができれば、住みやすい町として新たな移住者を呼ぶことにもつながるのではないか。

5　住民が移住創業者に歩み寄る

　第1章では、地域になじんでいる移住創業者はパフォーマンスが高い傾向がみられた。地域になじむためには移住創業者が地域の活動に参加することも一つであるが、地域に住む人による移住支援や移住後のフォローもその助けになる。

　本章では全国の地方に10年以上住んでいる人を対象に移住者や移住創業者に対する意識について分析した。2020年以降の新型コロナウイルスの感染拡大により、都市部からの移住者受け入れに慎重になる面も一部にみられたものの、8割以上の住民は移住者を歓迎していた。

　移住支援への協力や移住創業者との積極的なかかわりを希望する人の割合は、移住創業者に対して歓迎の意思を表す人の割合に比べると低かったが、地域に愛着をもつ人や地元の事業経営者は、移住支援に協力したり、積極的に移住創業者にかかわったりしたいと考える傾向が強かった。事業経営者の場合は、地域での経営経験をもつため、移住創業者にとってはビジネスの相談相手としても心強い存在になることが期待される。

　地域の住民には、移住創業者を歓迎するだけではなく、自発的にかかわっていくことを期待したい。住民が移住創業者に歩み寄り、互いが交流することで、地域で暮らすうえでの不安や課題を共有し、解決に向けてともに取り組む仲間になれるのではないだ

　ろうか。そして、移住創業者が活躍し、皆が住みやすい地域では、新たな移住者や移住創業者がやってくる好循環が生まれるに違いない。

（青木　遥）

第2部

事例でみる
移住創業と町おこし

事例1
北海道下川町

事例2
秋田県五城目町

事例5
富山県南砺市

事例4
岐阜県郡上市

事例7
山口県周防大島町

事例3
千葉県いすみ市

事例6
和歌山県田辺市
龍神村

事例8
徳島県神山町

事例9
鹿児島県南九州市頴娃町

先進事例からみる移住創業の実態

　第1部では、インターネットアンケートの結果から、移住創業者の全体像と地方の住民の移住創業者に対する意識について明らかにした。移住創業者は、それぞれの地域で経済活性化の潤滑油としての役割を果たすようになってきている。ただ、住民は移住創業者に雇用機会の創出や地元の事業の承継を期待していた一方で、移住創業者の8割超は従業員を雇用せず、創業に当たり他社から経営資源を引き継いだケースもわずかであるなど、互いの思惑にはずれもみられた。地方の住民は、移住創業者をおおむね歓迎しているものの、移住者に対する支援活動に自身が協力するかどうかとなると、4割弱の人は消極的であった。

　もちろん、これらはアンケートの回答を均した結果であるから、なかには事業規模を拡大して地域の雇用創出に大きく貢献している移住創業者や、周囲も巻き込んで移住創業者を力強くサポートしている住民もいる。特徴的な取り組みにより移住者を増やしている地域や、積極的に地域とかかわり事業を成長させている移住創業者の事例は、地方創生に携わる人たちの先行指標になるはずである。また、アンケートからみえてきた移住創業の課題をうまく克服している先進事例を集めることは、移住創業しようとする人や彼らをサポートする行政、支援団体への道しるべを示すことになるだろう。

　移住創業者に対するアンケートの分析では、地域とかかわりを深めることが、事業のパフォーマンスや定住意欲を高める結果になっていた。移住創業者と住民の交流を促し、互いの認識の食い違いや

意識の壁をなくしていくために有効な取り組みを、具体事例から読み取りたい。各地の地域事情は千差万別であろうが、一定の共通項を見いだすことができるかもしれない。

　当研究所では、2020年度から2021年度にかけて、北海道から九州まで九つの地域ブロックから移住創業による地域おこしに熱心な自治体を一つずつ選んで訪問し、移住創業者や自治体、地域おこしに携わる団体などにヒアリングを行った。本書第2部では、それぞれの事例を紹介した後、その共通点や政策的な含意を探る。九つの自治体とそれぞれの掲載ページは下記のとおりである。なお、9事例のうち6件は、当研究所『日本政策金融公庫調査月報』の連載「移住創業と町おこし」（2021年11月～2022年4月）に掲載したものに一部手を加えて再掲した。なお、事例の内容は、それぞれの取材時点のものである。

　多様な移住創業者が地域の潤滑油として活躍し、しなやかな働き方・暮らし方を実現している姿にフォーカスすることで、移住創業の課題を乗り越えるためのヒントを探る。

事例 No.	地　　域	掲載頁
1	北海道下川町	85
2	秋田県五城目町	103
3	千葉県いすみ市	119
4	岐阜県郡上市	133
5	富山県南砺市	153
6	和歌山県田辺市龍神村	169
7	山口県周防大島町	185
8	徳島県神山町	203
9	鹿児島県南九州市頴娃町	221

（注）事例 No.4、5、7以外は、日本政策金融公庫総合研究所『日本政策金融公庫調査月報』の連載「移住創業と町おこし」（2021年11月～2022年4月）の一部に手を加えて再掲した。

事例1

森でかなえる
持続可能な暮らし

北海道下川町

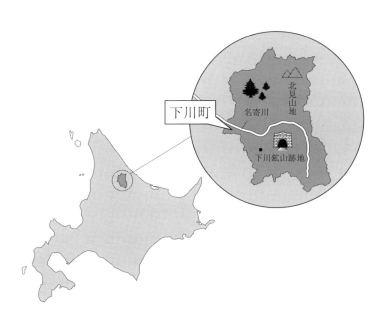

町木のトドマツ

＜地域概要＞北海道下川町

人　口	1990年： 5,065人（うち65歳以上の比率：19.9%） 2020年： 3,126人（うち65歳以上の比率：40.2%）
面　積	644.2平方キロメートル
東京からのアクセス例	羽田空港✈（約100分）〜旭川空港🚌（約30分）〜 JR旭川駅🚃（約45分）〜JR名寄駅🚌（約30分）〜下川町

資料：総務省「国勢調査」、自治体ホームページ、観光協会ホームページ（以下同じ）

子や孫に森をつなぐ

　北海道下川町は、旭川空港から電車とバスで2時間以上北上した所にある。北見山地が南北に連なり、中央を名寄川が東西に走る。冬は零下30度近くまで冷える雪深い地域だが、短い夏には気温が30度前後まで上がり猛暑日を観測する日もある。肥沃な土壌と寒暖差を生かして栽培されるフルーツトマトは糖度の高い特産品で、町産小麦ハルユタカを使った手延べうどんも知名度を上げている。広大な土地は乳用牛の飼育にも適しており、自動搾乳機などを使ったスマート酪農も進んでいる。

　この町を拓いたのは、1901年に岐阜県から移住した約25世帯の開拓団であった。その後、金や銅などの鉱脈が見つかると、本州から採掘のために出稼ぎに来る人たちが増え、町はにぎわった。林業も盛んで、伐り出した木材を町の外に売りに出かけるなど、ほかの地域との往来が多かった。

　しかし、1980年代に入り鉱山が閉山や休山になると町の人口は急減し、減少率が道内市町村のなかで最高となった年もあった。現状を打開しようと、住民たちは寒さを生かしたアイスキャンドルのイベントや中国政府公認の「ミニ万里長城」の築城を行って観光客を呼び込み、少しずつにぎわいを取り戻していった。加えて、近年は新たに町にやって来る移住者が徐々に増えている。彼らを引き寄せるキーワードの一つが「森との共生」である。

　町は、その面積の9割が森林に覆われている。町木はトドマツで、ほかにもアカエゾマツ、カラマツなどの針葉樹やミズナラ、シラカバなどの広葉樹が群生する。この資源を永続的な町の発展に生

かそうと、町は「循環型森林経営」を打ち出した。簡単に言えば、針葉樹の計画的な伐採と植林を繰り返すことである。安い外国産材と競合してはいるものの、林業は今でも町の基幹産業である。しかし、伐採しているだけではいずれ資源は枯渇する。育つまでに60年かかるという森からの恵みを、子や孫の代も受けられるよう町がコントロールするため、当時の年間予算の半分以上を費やして多くの国有林を払い下げてもらい、町有化した。同時に、毎年一定の面積を伐採して必ず植えて育てるという計画的な森林管理を行うことにした。SDGsはおろか、まだ人々の環境への意識もそれほど強くなかった1953年のことである。

　資源は余すところなく使い、町外からの収益をより多く得て雇用を安定させる。例えば、建築資材の加工で発生するおがくずから粉炭をつくり、融雪材や土壌の改良材にする。間伐材は割り箸に加工し販売している。2003年にはFSC（Forest Stewardship Council）森林認証を取得した。国際的な認証制度で、環境保全のために責任ある管理をされた森林や、そこから調達された木材製品に与えられるものである。消費者は、FSCマークの入った製品を買うことで森林保全を支える。認証基準は非常に厳しく、取得は北海道では初めてのことであった。

キタ・クラフト㈱　代表取締役 加藤滋さん

　豊かな森林資源は町に移住者を引き寄せる。工務店のキタ・クラフト㈱を町で経営する加藤滋さんは生粋の江戸っ子だが、大学時代にバイクで周遊した北海道の大自然に魅了された。2度目の北海道旅行で知り合ったツーリング仲間に誘われ訪れた南富良野町で、ログハウスづくりを体験する。木材を素材の性質や用途に合わせて加

店舗奥の加工場で木材について話す加藤滋さん

工し組み立てていく工程が面白く、小樽のログハウスメーカーで2年間修業した。その後、職業訓練校で建築を学び、札幌の工務店で5年間、大工として住宅建築に携わった。

　一通りのスキルを習得した加藤さんは、札幌での勤務を辞めてより自然の多い場所に移住しようと計画する。道内の複数の町を検討するなかで下川町のことを知り、循環型の森林経営に取り組む姿に興味をもった。町内の工務店に就職し、1998年に妻と3人の子どもを連れて町に移住した。

　さまざまな経験を積んで自信をつけた加藤さんは、2001年にキタ・クラフト㈱を創業する。店舗は、廃業した家具店を譲り受けて改修した。木の風合いを生かした家づくりを特徴として、新築のほかリフォームや、家具・キッチンなどのオーダーメードを請け負う。木材は、町内のほかに隣接する士別市からも仕入れる。

　木材は丸太を縦にスライスした長い一枚板を仕入れ、加工する。

自然の風合いを生かした階段

年輪の向きや虫食いの位置、種類や樹齢により異なる材質を見極めて、自然の形を極力生かしてカットする。加藤さんが手がけたある家では、もともとの丸太の形状を残して加工した踏み板で、階段の形に変化をつけた。木の優しいぬくもりが伝わってきて家にいると落ち着くと、施主からとても喜ばれた。

　創業当初は安定した収入を得られるか不安で、新聞販売店を兼業していたが、今はキタ・クラフト一本である。自ら作成したチラシをポスティングして回るなど地道に顧客を開拓したことによって、注文が途切れることはなくなった。営業の方法は今も試行錯誤している。施工の特徴を知ってもらうには実際に建てた家を見てもらうのが早いと考え、住宅の完成見学会を春と秋に開くようにした。コロナ禍で対面の営業が難しくなってからは、動画配信やリモートの打ち合わせも行う。緑豊かなこの町で自然を感じる家づくりを提案し続けたいと日々模索している。

環境経営が移住創業者の呼び水に

　森との共生を進める町の姿は、環境問題に強い関心をもつ移住者たちもひきつける。その一人が奈須憲一郎さんである。名古屋市出身の奈須さんは、幼少期から興味のあった地球の生態系について学ぶため、北海道大学に入学。大学院での研究の一環で交流していた町に、卒業後の1999年に移住した。森林資源を循環させ、経済を活性化させる町の取り組みは途上である。一層発展させて、深刻化する環境問題に、社会モデルとして一石を投じる気持ちだった。

　移住後は町役場に勤務した。役場では、大学院時代のつてを頼って有識者を招き、林業に携わる人たちや住民を集めて、環境保護や森林資源の活用に関する勉強会を開催したりした。そうしたなかで、町の理念に共感し、高い理想を胸に移住してきた人たちが、思うように活動できず離れていく様子を目の当たりにした。当時、環境への意識の高まりに伴って自然のなかで働きたいと町を訪れる人が増え、森林組合もそうした人を積極的に受け入れた。しかし、新参者の彼らが、長年森に携わってきた人たちと対等に意見を交わすのは難しい。林業経営について提案をしてもなかなか聞き入れてもらえず、失望して去っていく人が少なくなかった。

　奈須さんは、彼らのような移住者が、自分たちの経験や知識を発揮できる場をつくりたいと考えた。6年勤めた役場を辞め、2005年、NPO法人森の生活を設立した。森を散策したり植物を使って工作したりする体験教室、森林療法の調査研究などさまざまなプログラムを実現しながら、皆で森と共生しつつ経済活動を広げる道を模索した。また、移住者が事業を始めるまでの橋渡しのような役割も担っている。

91

㈱フプの森　代表取締役 田邊真理恵さん

　例えば、田邊真理恵さんが㈱フプの森として携わる精油事業もその一つである。北海道千歳市から移住した田邊さんは、中学生の頃から森林の保全や違法伐採の問題に関心をもっていた。札幌市内の生花店に就職した後も森への思いは冷めず、次は森にかかわる仕事をしたいと考えていた。情報収集のために東京の展示会などにも出かけ、そこで下川町のことを知った。

　たびたび町を訪れるようになった田邊さんは、森林組合のスタッフがイベントに出展すると聞けば顔を出したり、販売についてのアイデアを伝えてみたりして、交流するようになった。町には、林業のあり方について熱く語り合う人たちがたくさんいた。彼らの話を聞きながら、この場所で働きたいと思うようになる。

　ちょうどその折、森林組合が運営していた精油事業でスタッフの募集が出た。事業自体を森の生活に移すことになり、その担当者を探しているということだった。田邊さんはすぐさまやらせてほしいと手をあげた。森林組合で1年間研修をしたうえで、森の生活の一事業として従事することになった。

　作業はほぼ手作業である。伐採後の森に残された太い枝から葉の部分を中心にのこぎりや鎌を使って切り集めたら、工場まで運び釜に詰め、水蒸気蒸留という方法でエッセンシャルオイルを抽出する。根気の要る作業だが、爽やかで柔らかなトドマツの香りに囲まれて、田邊さんは幸せだった。

　一方で、もっと多くの人にこの香りを届けたいとも感じていた。かつて事業を担当していたメンバーもかかわれることになり、精油事業一本で経営できるめどは立った。ブランドとして独立させて、

トドマツの香りが大好きだという田邊真理恵さん

開発や営業の範囲を広げたい。奈須さんと相談し、2012年に㈱フプの森を立ち上げて精油事業を移管した。

　現在事業に携わるのは、田邊さんを含めて3人である。主に春から秋にかけて、トドマツが伐採されている森に入り、枝葉を収集する。伐採が行われているかどうかは、町内の関係者から情報を集め、入林のタイミングは随時現場の人たちと調整させてもらう。もともと森林組合内にあった事業であったことや、地域の人たちとのコミュニケーションを重ねてきたことが、仕事の面で役に立っている。少ない人数で運営している分、周りの人たちからの協力なしでは難しいことも多い。

　また、釜などの設備は森林組合の施設をそのまま賃貸で使わせてもらえたので、大きな初期投資をすることなく創業できた。顧客も引き継いだため、早々に事業の体制を整えられた点もありがたかったという。

森林組合から借り受けた蒸留設備

　春から秋にかけては蒸留作業に専念し、長い冬の間は主に商品開発や展示会への出展にいそしむ。抽出したオイルは空間芳香や、希釈してセルフマッサージにも使えるほか、ハンドクリームやせっけんといった化粧品や雑貨の原料としても配合される。化粧品の開発は、メーカーと打ち合わせながら進める。

　2015年には、新ブランド「NALUQ」を追加した。トドマツ以外のエッセンシャルオイルも使ってブレンドしたオリジナルの香りで、森の情景をイメージしながら楽しんでもらえるようなアイテムを展開している。パッケージは、男女を問わず、持っているだけでもうれしくなるような、シンプルで森に似合うデザインを心がけた。

　次第に新しい顧客も増え、道外から工房を訪ねてくる人もいる。フプの森のオイルが、森のすばらしさや大切さについて関心をもつきっかけになればうれしいと、田邊さんは笑顔で話す。

移住創業で実現する森での暮らし

　森林資源を生かす取り組みとして町が注目を集める一つが、木材を加工するときに出る端材や未利用の森林資源を利用した木質バイオマスの燃料である。化石燃料を代替でき、エネルギーの自給も可能になる。環境への負荷も大きく軽減できる。冬の熱エネルギー消費が特に多くなる町では、燃料費の負担やCO_2排出量の削減が大きな課題になっていた。2004年に公共温泉施設で、道内初となる木質バイオマスボイラーを導入し、学校や農業施設などに導入を進めていった。現在、公共施設で使う熱エネルギーの約7割を自給する。浮いた燃料費は子育て支援や子どもの医療費無償化などの財源にしている。

　まだ町全体のエネルギーを賄うには至らないが、先行して自給型の集住化住宅を整備したモデル地区もある。一の橋地区にある26戸の住宅は地区の高齢化に対応したバリアフリー仕様になっており、暖房や給湯などに使うエネルギーを木質ボイラーから供給している。この地区で無農薬ハーブを育てて化粧品をつくっている女性たちがいる。

㈱SORRY KOUBOU
代表 山田香織さん　製造責任者 小松佐知子さん

　福島県福島市出身の山田香織さんと、岩手県大船渡市出身の小松佐知子さんは、20年来の友人で、東日本大震災の後、一緒に下川町へ移住して㈱SORRY KOUBOUを立ち上げた。

　敏感肌の山田さんは、以前から自分に合う化粧品がないことが悩みだった。植物の勉強をしてハーブを使ったせっけんを手づくり

一の橋地区にある木質ボイラー施設

し、友人に分けたりもしていた。自分と同じような悩みをもつ人た
ちのために、自然由来のものだけを使った肌に優しいスキンケア用
品をつくりたいと考えるようになっていた。

　2011年、東日本大震災が起こる。小松さんの実家が大船渡市にあ
ることを思い出して連絡をとった。幸い、彼女も家も無事であった
が、それを機に、これからの人生や夢について話し合うようにな
る。山田さんは、原料のハーブから自分で育てた混じり気なしの化
粧品をつくりたいと語り、自然に囲まれた環境で暮らしたいと思っ
ていた小松さんも興味をもった。当時、小松さんは水質分析の会社
に勤務しており、化粧品会社を始めるために必要な製造管理の知識
をもっていたのである。

　ハーブの栽培に適した冷涼な土地として、北海道と長野県に目星
をつけた。下川町に決めたのは、自然を生かした町づくりが、自分
たちの理想とする化粧品づくりと重なってみえたからである。役場

に相談して、まず地域おこし協力隊として町に入り、3年の任期終了後の創業を目指すことになった。

　協力隊では、一の橋地区で町が運営するカフェで働いたり、シイタケの栽培やマツの育苗をしたりした。そして、休みの日には、ハーブの栽培場所を探したり、製造販売のための許可を取る手続きをしたりして準備を進めた。畑は一の橋地区にある20アールほどの土地である。生い茂る雑草を抜くことから始めて、何日もかけて少しずつ土を耕していった。

　創業の手続きはわからないことばかりだったが、一つずつ、役場や商工会の担当者に教えてもらった。店名の「SORRY」は、知らないこと、できないことは謙虚に教えを請いながら事業をかたちにしてきた二人の道のりを意味する。

　商工会に紹介してもらった補助金を活用して設備を整え、2017年4月、㈱ SORRY KOUBOU を設立した。丹精込めて耕した畑には、カモミールの種をまいた。夏になって一面白い花が咲くと、花を一つずつ手摘みして乾燥させ、冬には花のエキスを抽出して化粧品をつくる。ローズマリーなどほかの種もまいてみて、町の気候に合う植物を探した。

　2020年には、畑から歩いて5分ほどの場所に、3坪ほどの小さな店「cosotto, hut」を建てた。二人のつくったコスメのほかに、町の作家による木工作品なども置く。日曜日と月曜日だけ開き、収穫の忙しい時期には長期休業することもある。売り上げはまだ十分ではないが、地元の農家でアルバイトをすれば暮らしには困らない。どう生きていきたいか、自分たちが社会のためにできることは何か。日々考えながら焦らずに進んでいる。

森のなかにこそっとたたずむ「cosotto, hut」

移住前から寄り添う

　移住者は増えつつあるが、町の少子高齢化を食い止めることはできていない。1990年に5,065人だった町民の数は、30年で3,126人まで減った。一方で、19.9％だった65歳以上の割合は40.2％まで上がっている。働き手の確保という課題に重点的に取り組むため、町は2016年に各産業団体が構成する下川町産業活性化支援機構を発足した。役場の職員と移住コーディネーターなど移住経験のある人材が一緒になって、移住相談への対応や就職の人材マッチングを行う。

　なかでも注目されるのが、地域おこし協力隊制度を活用した移住創業者の養成塾「シモカワベアーズ」である。町の課題を解決したり、新風を吹き込んだりする事業を始める移住者が増えれば、町の活性化につながるし、移住者も養成塾で地域のニーズをつかめば事業を軌道に乗せやすい。シモカワベアーズでは移住者の創業計画の

作成から創業まで、町内の企業経営者や経営アドバイザーが伴走する。3期生の塚本あずささんのケースで、実際の流れを追ってみたい。

二十日ーはつかー（旧・薬草庵）　代表 塚本あずささん

　塚本さんは、東京でアロマセラピストとして勤務していた。いずれ独立したいと考えていたが、場所はどこでもよかった。ただ、「地域のお母さんたちの癒しの場にしたいと考えていた」ため、東京以外の町に移住しようと、民間企業が運営する移住サイトに登録した。そして、下川町産業活性化支援機構の担当者から声をかけられたのである。

　塚本さんはまず、紹介された町内ツアーに参加した。町は極寒かつ豪雪地帯である。関東でしか暮らしたことがないため適応できるか不安だった。最も寒くなる2月のツアーに参加してみたところ、寒さや雪の多さは恐れていたほどではなかった。移住創業した先輩たちが町での暮らしや事業について細かく教えてくれたり、町の住民が温かく接してくれたりしたことで疎外感を感じることは一切なく、すっかり町のことが好きになった。

　シモカワベアーズに選ばれるのは1年に1人である。書類審査後に1次、最終選考と進む。1次審査では事業の構想を説明し、通過者には事務局の担当者や町内の経営者などが、選考が終わるまで伴走する。何度も打ち合わせを重ねて事業計画書をブラッシュアップしていき、1カ月後の最終審査に備える。塚本さんは計画書をつくるのが初めてで、1次審査では収益見込みが甘いと指摘された。町の人口規模でどれくらいの顧客が見込めるのか、アロマセラピーだけでは足りない収入をどのように補うのかといったことを、アドバイスをもらいながら細かく詰めていった。最終審査は商工会の会長

シモカワベアーズ2022年度の採用の流れ

や経営者など5人が審査員になり、事業の計画性や地域での実現性などを判断して1名を選ぶ。知識のあった漢方でつくるブレンドティーの卸売りも事業内容に加えて臨んだ塚本さんは見事、3期目のシモカワベアーズに選ばれ、2019年12月に町へ移住した。

　選考後は、地域おこし協力隊としての報酬を得ながら町で活動する。一般の協力隊に就いた㈱SORRY KOUBOUの二人と違うのは、町から与えられた任務はなく、すべての時間を創業の準備に充てられる点である。町のバックアップ体制も万全である。経営者や専門家が半年間メンターとなり、月1回創業の準備のミーティングを行う。下川町産業活性化支援機構のスタッフも引き続き相談に応じるほか、週1回は塚本さんから進捗を報告することになっている。困っていることを話すと、相談すべき人物につないでくれる。

　塚本さん自身も、積極的に町の人とコミュニケーションを重ねた。移住して最初の3カ月ほどは、シモカワベアーズの先輩たちに

紹介してもらいながら、町内の経営者や住民を訪ね、あいさつして回った。先輩たちも、「○○さんにはもう会った？」と気にかけてくれる。下川町産業活性化支援機構が主催する「タノシモカフェ」も、町の人と仲良くなる場になっている。住民と移住者や移住希望者が交流する場をつくるために始められたもので、月1回、食べ物を持ち寄って開かれる。町の住民に「顔と名前を覚えてもらう」のに役立ったという。

　そして、2020年9月、6畳一間の小さなスペースでアロマトリートメントの事業を開始した。客は地元の中高年の女性が中心で、男性も訪れる。オイルや化粧品は㈱フプの森や㈱SORRY KOUBOUの製品を使う。町の人が知っている原料やつくり手によるものだから、安心して施術を受けてもらえる。コロナ禍での創業だったが、完全予約制であることが幸いした。ただ、1月になるとサロンへの道が雪でふさがれてしまい営業できなくなった。そんな塚本さんを助けてくれたのも、町の先輩移住者だった。ゲストハウスを営んでいる女性で、仕事の都合で休業することにしたため、施設を自由に使って構わないと申し出てくれたのである。

　それでも、選考で指摘されたとおり、トリートメントの売り上げだけでは暮らしていくのに十分ではない。大雪が降ると外出を控える人も多く、漢方茶の卸売りによる収入が支えになっている。都内のサロン向けにブレンドティーをプロデュースするなど、顧客を町外・道外にも広げて収入を徐々に安定させている。地域おこし協力隊の任期が切れる2022年までに、事業の収入だけで生活していく道筋をしっかりとつけなければならない。塚本さんは、町の人たちのサポートを得ながら、独り立ちに向けて一日一日を積み重ねている。

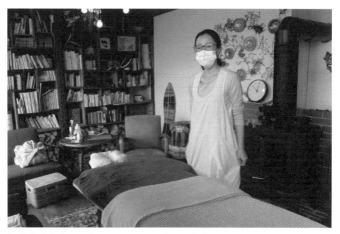

塚本あずささんは知人のゲストハウスで施術をしている

全国から注目される町に

　シモカワベアーズの卒業生が皆、塚本さんのように順調に創業できるわけではない。ただ、こうした制度があれば、理想ばかり大きく町の実情にそぐわない事業を立ち上げて、顧客をつかめずに撤退するといった事態は避けられる。

　今、世界中で環境問題への関心が高まっている。先駆けて持続可能な地域を体現してきた町は、2018年にSDGs未来都市として国から認定された。谷一之町長は、これまでの取り組みが町のブランド力として結実していると話す。移住創業者だけでなく、環境に配慮した経営に取り組みたい大企業や、他の自治体からの注目度も高まっており、連携協定の締結も進む。森と住民と移住創業者、皆が共生するこの町の未来は明るい。　　　　　　　　　　　　（桑本）

事例2

土着起業家を育む町

秋田県五城目町

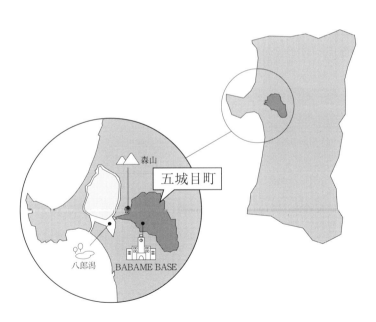

五城目町のシンボル、森山と一面の稲穂

<h2 style="text-align:center"><地域概要>秋田県五城目町</h2>

人　　口	1990年：14,161人（うち65歳以上の比率：18.8%） 2020年： 8,538人（うち65歳以上の比率：47.3%）
面　　積	214.9平方キロメートル
東京からのアクセス例	羽田空港 ✈（約60分）〜秋田空港 🚌（約50分）〜 JR 秋田駅 🚃（約30分）〜五城目町

525年の歴史ある朝市

　秋田県五城目町は、豊かな山々と水資源に恵まれ、林業と稲作を中心に栄えてきた。まち・ひと・しごと創生本部「地域経済分析システム（RESAS）」を使って町の産業データをみると、町内企業による売上高のうち農業・林業が占める割合は2.8％で、秋田県全体でみたときの倍である。また、町内製造業の出荷額の約65％を木材・木製品製造業（家具を除く）が占めている。

　「五城目」の文字は、中世に浦城、岡本城、砂沢城、馬場目城、山内城という五つの城に囲まれた場所にあったことに由来する。さらにさかのぼると、平安時代中期に記された書物に登場する最北の村「率浦郷（いさうらごう・いそうらごう）」にたどり着くといわれており、「いそうら」が「五十目（いそのめ）」となり、五城目の漢字が当てられるようになったようである[1]。

　町の位置を現在の地図でみると秋田市の北方30キロメートル、能代市の南方30キロメートルと、秋田県の南北中央付近に位置している。近代交通網が発展する以前、南北をつなぐ街道の要所として多くの行商人が行き交い、市が開かれるようになっていた。市では農作業に必要な鎌やのこぎり、秋田杉でつくった桶や家具も売られるようになり、次第にそうした職人たちが町に暮らし、職人の集まる町としても栄えた。

　この市が始まったのは1495年と伝えられている。2度の市町村合併を経た今も、朝市として毎月2、5、7、0がつく日の午前中に開催されており、地元の人たちが自分たちの育てた野菜や山で採ったキ

1　五城目町の名前の由来は諸説ある。

閑散とした朝市

ノコや山菜を売っている。500年以上の歴史ある朝市だが少子高齢化の波にはあらがえず、たくさんの露店が並んでいた長い朝市通りは隙間の方が目立つようになっていった。

廃校舎を移住者呼び込みの拠点に

　2020年の町の人口は8,538人。1990年は1万4,161人で、30年で4割近く人口が減少している。さらに25年後の2045年には、4,010人になると推計されている。こうした状況下で、町はさまざまな地域活性化策を検討してきた。2006年には「まちづくり課」を設置し、企業誘致や移住・定住支援を推し進めた。

　その際に重視したのは、単に町に移り住むのではなく、町で仕事をする人の移住・定住である。移住者が増えたとしても、町内で働いていなければ経済的な効果は限られるからである。町内の企業で働く人だけではない。自ら起業する人にはさらに手厚い支援を行っ

廃校を活用した BABAME BASE

ている。経費の半分、最大50万円まで補助するほか、移住創業を希望する人に対して視察費用も補助する。

　そして、施策の一つで全国の自治体から注目されたのが、廃校をシェアオフィスにした五城目町地域活性化支援センター、通称「BABAME BASE」である。事業拠点として広く貸し出し、町外の企業や起業希望者を呼び込むねらいである。

　元の馬場目小学校は138年の歴史をもつが、2013年に廃校となる13年前に新校舎を竣工したばかりで、内装も外観もきれいなままである。地元の木材をふんだんに使った広々とした校舎は、オフィスとしても申し分なかった。教室をそのまま利用することとし、入居料は1カ月2万円に抑えた。移住のチャレンジの場として広く活用してもらうためである。軌道に乗ったら BABAME BASE を出て町内に事業所を設けてもらい、町の経済循環につなげていきたいとの考えであった。

　なお、廃校舎の活用を提案したのは町長の渡邉彦兵衛さんである。町長に就任する前は、地元にある唯一の酒蔵、福禄寿酒造㈱の社長を務めていた。歴史ある酒蔵の15代目として町に暮らす人々と長くかかわってきた渡邉町長の、地元をなんとかしたいという思いがこの発想に結びついたのかもしれない。

　まちづくり課の担当者は、2013年10月のオープンに合わせて入居者を探した。向かった先は東京・千代田区である。千代田区と五城目町は1989年に姉妹提携を結び、イベント交流やスポーツ交流、子ども交流などを継続的に実施している。こうした縁を手がかりに千代田区にあるシェアオフィス「ちよだプラットフォームスクウェア」に入居し、ほかの入居者とのつながりをつくった。

　そのうちの一人が、教育コンサルティング事業を手がけるハバタク㈱代表の丑田俊輔さんである。町の自然環境にひかれた丑田さんは2014年4月、社員を東京に残して移住、BABAME BASE に支社を設けて入居者第1号となった。その後も入居者は増え、これまでに延べ37事業、現在は17事業が活動している。BABAME BASE で起業したドローンの操縦スクールやフォトスタジオ、サテライトオフィスを設けたデザイン事務所、事業所を丸ごと移転したコンサルティング会社などさまざまである。移転をきっかけに町に定住した人も少なくない。

㈱LHL　執行役員 竹内健二さん

(旧・㈱ラウンドテーブル　代表取締役)

　2015年8月に BABAME BASE に事業拠点を移した竹内健二さんも、そうした一人である。中小企業を対象に採用や人事評価など人事関係のコンサルティングを手がけている。2009年に㈱ラウン

教室を利用した事務所に立つ竹内健二さん

ドテーブルを神奈川県鎌倉市で開業し、2014年に秋田市に移転、たまたま BABAME BASE で開かれたイベントに参加した際に、山に囲まれた町の自然や窓から見える広大な田んぼの景色に魅せられ、家族を連れて移住した。2020年に別会社に事業を譲渡した後も、その会社の子会社である㈱LHL として五城目町で継続して事業を行っている。

　妻と4人の息子と暮らすのは、馬場目からさらに山奥に入った集落の古民家である。移住に当たっては、町の補助により家賃が半額の月7,500円になったほか、雪かき用のスノーダンプを家族の人数分支給してもらった。しかし、竹内さんが何より助かったのは、地域の暮らしに関する情報の提供であったという。町の担当者が、空き家を探したり居住候補地に住む人たちの人柄を教えてくれたりした。こうした情報を、地域とのゆかりをもたない移住者が得るのは難しい。

　事業の取引先は県内の秋田市や美郷町などが7割で、残りが東京や愛知などの中小企業である。秋田空港までは車で50分ほどなので、アクセスもそれほど不便には感じない。テレビ会議やチャットを活用すれば、現場に赴かなくても打ち合わせはできる。

　移住のメリットもある。地方は大都市よりも同業者が少なく、競争ではなく得意領域を生かして協業するケースが多い。人事コンサルティングに対する認知度も相対的に低いが、ニーズは確実にあるので多くの企業の役に立てる。これまで従業員のマネジメント研修などのため東京方面に出張したり講師を遠くから招いたりしていた県内の企業が、竹内さんのことを知って仕事を依頼してくることもあるという。物理的にも心理的にも顧客との距離が近くなったと竹内さんは話す。

　一方で、専門的なスキルがありさえすれば、地方でビジネスをしやすい、というわけではないとも話す。移住先で事業を成功させたいならば、事前にパイロット的にサービスを提供するなどして、顧客がつくか試してみるとよいという。そういう点で、BABAME BASE は移住創業を試す場としてちょうどよい。

地元の人とヨソモノの交流

　BABAME BASE は、町が2013年から受け入れを始めた地域おこし協力隊の拠点にもなっている。協力隊には、主に移住・定住・起業支援や、秋田杉などの特産品の6次産業化支援を委託する。ヨソモノの彼らの視点は、町の外から人を呼び込む方法を考えるうえで欠かせない。若くして起業したり地方に移住したりする行動力ある若者たちのネットワークや影響力は、移住促進にも役立つ。

広い体育館はイベント会場としても活用

　2014年春、3人が地域おこし協力隊に任命された。うち2人は、3年の任期が終了した今も町で暮らしている。その一人が、BABAME BASE 入居第1号となった丑田俊輔さんの妻、香澄さんである。秋田市出身で、東京で産前産後の女性を支援する事業を創業していたが、夫に伴い町で暮らすことを決め、故郷秋田の役に立ちたいという思いで協力隊として活動を始めた。

　協力隊の3人がまず行ったのは、BABAME BASE における地元の人たちとの交流である。協力隊の取り組みを進めるためには、まず地元の人たちの思いを知り、また協力隊について知ってもらったうえで、ともに町の未来を描いていく必要があると考えたからである。

　地域づくりに関心があまりない人にも気負わずにBABAME BASE に来てもらえるよう、流しそうめんのイベントを企画した。同世代の20〜30歳代、子育て世代の人たちなど、これからの町を担う中心となる層も多く集まり活況となった。

その後もいろいろなイベントを主催し、BABAME BASE の外でも積極的に地元の人たちとかかわりながら、彼らと町について話をした。町の未来を語り合うなかで、たくさんのアイデアや、町のために何かやりたいという地元の人たちの熱い思いが聞こえてきた。一方で、彼らがうまくいかないかもしれない、相手にされないのではないかという不安を抱いていることもわかった。協力隊の3人は、躊躇している人たちの背中を押していった。

例えば、ジャムをつくって販売するのが夢だと語る、キイチゴ栽培農家の女性。町にまだないカフェを出したいと考えていた元銀行員の女性。彼らの相談に乗ったり、必要な関係者につないだりと全面的に応援した。

広がる起業の輪

いちご美容室　石井智美さん

石井智美さんは、協力隊の丑田さんに声をかけられたことがきっかけとなり、BABAME BASE で「いちご美容室」を起業した。石井さんは BABAME BASE の前身、馬場目小学校の卒業生だ。高校卒業後に町を離れ、岩手県盛岡市の美容学校で勉強し、秋田市内の美容室に計9年勤務した。2009年、結婚を機に町にUターンし、専業主婦として家事や育児に励んでいた。

あるとき、石井さんは実家の母に頼まれ髪をカットした。お母さんは、がんの治療の副作用で少なくなった髪の毛を見られたくないからと、美容室に行くのをやめてしまっていたのである。カットしてあげると、さっぱりしたと喜んでくれた。もう一度美容師として働きたいという思いが芽生えた瞬間であった。

石井智美さんは元教室で美容室を開業

　しかし、子どもはまだ小さく3人目を妊娠中の身でもある。ブランクもあり、家事と両立しながら仕事ができるのか不安に思った。迷いながらも行動を起こせずにいた石井さんに声をかけたのが、協力隊の丑田さんである。石井さんが美容師の有資格者と聞いて、イベントへの出店をもちかけたのである。

　BABAME BASE の体育館で開かれたイベントでは、子どものヘアアレンジコーナーを出店し、大盛況となった。ここで自信をつけた石井さんは、町内の美容室でのアルバイトを経て、2016年10月に起業した。「あのときに香澄さんが誘ってくれていなければ、起業していなかったと思う」と振り返る。

　訪問美容だが、はさみやクロスを消毒したり管理したりするための場所が必要である。しかし手元資金は少なく、町内に店舗を出すのはためらわれた。そこで、入居費用が手ごろな BABAME BASE で試しに開業することにした。入居した元教室には、来店

客にも対応できるように椅子やシャンプー台を用意し、親子連れの
ためにキッズスペースも設けている。

　店でのカットと訪問美容で予約の数は半々くらいだが、高齢化が
一段と進むこれからは訪問美容のニーズはますます高まるだろう。
隣町の井川町や八郎潟町から依頼がくることもある。これからも美
容師として地域の人を笑顔にしたい。そう語る石井さんにもう迷い
はない。

「ドチャベン」を育み続ける土壌

　BABAME BASE は、いわば移住や起業のお試しの場になって
いるといえる。そしてもう一つ、挑戦の機会をより広く提供してい
るのが、実は冒頭で紹介した朝市なのである。開催日が日曜に重な
るときにだけ開かれる「ごじょうめ朝市 plus＋」がチャレンジショッ
プの役割を果たしている。

　朝市は、高齢化に伴い出店者と客が減少し、出店数は10を下回る
ようになっていた。町に残った若者たちも平日は仕事があるため、
朝市離れが進んでいた。町は、こうした若年層も出店・来場できる
ように、試験的に日曜日の朝市開催を企画した。協力隊も、
BABAME BASE で築いたネットワークを突破口にして、朝市に
関心をもつ地元の若者と「朝市わくわく盛り上げ隊！」を結成し、
周囲に声をかけて回った。

　SNS で発信したり、若者の目を引くようなチラシをデザインし
たりして町外にも広く PR したところ、当日は手づくりの菓子やア
クセサリーを販売するブースや屋台などさまざまな店が並び、大勢
の人が集まった。立ち寄りついでに野菜やキノコを買っていく人も

多く、従来の出店者の売り上げも増えた。

　これをきっかけに地元に理解が広がり、ごじょうめ朝市 plus＋は2016年以降、町の定期イベントとして定着したのである。空いているブースを町が管理して出店希望者を募集している。出店費用は、町民は110円、町外の人でも210円と安い。簡単に出店でき、かつ多くの人に見てもらう機会になるので、気軽に起業の腕試しや新商品のテスト販売ができるというわけである。町外からごじょうめ朝市plus＋に出店して、商売としてやっていく自信を得たことで、町に移住し開業した人もいるという。ごじょうめ朝市 plus＋は今も盛況で、午前10時には駐車場が満車になるほどである。人の交流地点であった往時のにぎやかさが戻ってきた。

　2016年からの5年間に町で起業した人は22人に上り、移住世帯は25を数える。今では、地元の企業が地域資源を活用した新商品の開発を進めるなど、町のそこかしこで地域に活力を取り戻そうとする動きがみられるようになっている。丑田香澄さんはそれを、「町に移住した人や起業した人が、それぞれのネットワークのなかで化学反応を起こして新たな動きを生み出すようになった」からだと話す。町や協力隊の取り組みはまさにそうした化学反応の最初の起爆剤であったわけだが、今では彼らがコーディネートしないところでもさまざまな挑戦の連鎖が起きている。

　丑田香澄さんと同じく元協力隊員の柳澤龍さんも、「特定の人物に頼った地域活性化は長続きしない。理念が自然に受け継がれる仕組みをつくる必要がある」と早くから意識していた。そこで立ち上げたのが、一般社団法人ドチャベンジャーズである。「五城目町で生まれ始めた新たな取り組みの継続のために、情報を共有し、話し

にぎわいを取り戻したごじょうめ朝市 plus＋

　合い、行動するための組織として」、柳澤さんが代表になって設立した。丑田さんのほか、町で事業を営んでいる数人がメンバーになっている。

　柳澤さんは移住して間もないとき、町の製材所の社長から「主要産業だった林業は40年かけて衰退した。だから、元気な町に戻すのにも40年かかる」と言われた。焦らずに腰を据えて取り組まなければならないということだ。しかし、町役場では定期的に人事異動があるし、国の政策が変われば町の方針も変わるかもしれない。長期的な視野をもって地域に根差し、さまざまな挑戦をするためにも、移住や定住、起業のサポートをする民間の団体が必要だと考えたのである。社名の「ドチャベン」は土着のベンチャーを意味する。

　事業の柱は、移住・定住・起業の誘致や支援、BABAME BASEの運営管理である。出店場所を探す人に空いている店舗を紹介したり、商品開発で悩む人と地場産業をマッチングしたりする。土着

し、広くネットワークを築いてきた彼らだからこそ、どこにどのようなリソースがあるか把握し、つなぐことができる。「（自分たちが培った）縁を軸にしてさまざまな共創を生み出す」のだと柳澤さんは説明する。

　まちづくり課の担当者や商工会と頻繁に連絡を取り合い、方針について擦り合わせを行うなど連携を欠かさない。まちづくり課の担当者は、時に否定的な見方をする地元の人たちからも理解を得られるように働きかける。商工会も、BABAME BASE に入居し起業する人たちに財務面でアドバイスをしたり、開業手続きや補助金の申請、開業・経営計画の作成を手伝ったりとバックアップする。

活動を町の外へ

　ほかにも取り組んでいるのが、町外に住みながら町にかかわる人を増やすことである。例えば、2015年以降、町とドチャベンジャーズが定期的に開催してきた「五城目ファンミーティング」がある。千代田区、横浜市、仙台市で開催し、町の出身者とその家族・友人や、町に興味がある若者たちが集まって、町の特産物を食べながら魅力を語り合う。町にかかわりや興味をもつ人と町をつなぎ、関係を深めようとする取り組みである。もし移住につながらなくても、特産物を購入したり旅行で訪れたりするだけで町の活性化につながる。コロナ禍となった2020年にはオンラインで開催し、参加者はあらかじめ町から送られてきた地酒やいぶりがっこなどを片手に交流した。

　また、BABAME BASE でも2020年度から、地方創生について研究する大学や短期滞在者に対してシェアオフィスを開放すること

コロナ禍でも五城目ファンを増やす取り組みを継続

　にした。1カ月7,000円を払えば、いつでも自由に滞在できる。町に移住するわけではないが、定期的に訪れることで町との縁ができ、その後も長くかかわる人材を増やせる。

　日本の総人口は減少の一途であり、少ないパイのなかから移住者を取り込もうとしても限界がある。土着起業家を育む一方で、土着はしないけれども町にかかわる人も増やしていく。両面での取り組みが、これからの町おこしには欠かせない。　　　　　（桑本）

事例3

小商いを応援する町

千葉県いすみ市

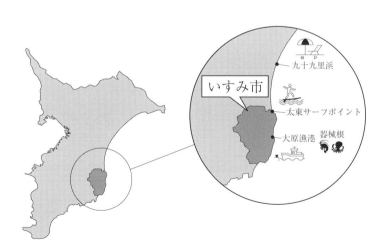

ローカル線 いすみ鉄道

＜地域概要＞千葉県いすみ市

人　口	1990年：43,431人（うち65歳以上の比率：19.2%） 2020年：35,544人（うち65歳以上の比率：42.4%）
面　積	157.5平方キロメートル
東京からのアクセス例	JR東京駅🚄（約70分）〜いすみ市

マーケットが創業の場

　日曜の朝、千葉県いすみ市の大原漁港にはたくさんの人が集まる。お目当ては、港の朝市[1]。水揚げされたばかりのイセエビやホタテを焼くにおいが漂い、新鮮な魚や野菜を売る威勢の良いかけ声があちらこちらからあがる。

　朝市の楽しみは地の魚介や農産物だけではない。地元に住む人たちによるハンドメードのアクセサリーなどを売る屋台もある。実はいすみ市では、こうしたマーケットを主な活動の場とする身の丈に合った「小商い」が増えている。

Another Belly Cakes　磯木知子さん

　2013年にいすみ市に移住した磯木知子さんも、小商いを行う一人である。「Another Belly Cakes」として、地元の旬の果物やオーガニック食材にこだわった焼き菓子やケーキを販売している。甘味は砂糖ではなくメープルシロップや自家製の甘酒などで出し、クリームは豆腐でつくるなど、おいしく体にもやさしいと評判である。ビビッドな配色やデコレーションで見た目も楽しめる。

　いすみ市で開かれる複数のマーケットを中心に月4〜8回のペースで出店しており、それが店舗の代わりとなっている。オーダーケーキや焼き菓子を直送したり、月1回工房の前で販売したりはするが、「自分のペースでつくりたいから」店舗はもたない。

　磯木さんは新潟県胎内市の出身で、進学を機に東京に移り住んでいた。仕事の傍ら夜間の製菓学校に通って基礎を身につけた後、都内のフランス菓子店で11年間腕を磨いた。北海道出身の夫もいすみ

[1]　コロナ禍のため、開催状況等については港の朝市のホームページを参照のこと。

磯木知子さん（手前）のつくるケーキは見た目も評判

市にゆかりはなかったが、たまたま二人で旅行に訪れたときに、宿
泊先が経営するカフェで住み込みのスタッフを募集していることを
知る。都心からもほどよい距離で、自然も多く過ごしやすい。夫は
フリーランスとしてライターの仕事をしていたため不便はなく、即
座に移住を決めた。

　移住後は、SNSで地元のイベント情報をキャッチすると遊びに
出かけたりして、地元の人や先輩移住者との交流を重ねていった。
地域に溶け込むにはそこに暮らす人たちと積極的にかかわり知り合
いの輪を広げていくことが大切だと考えたからである。地元の人た
ちも飲み会などを開くときは気さくに誘ってくれた。

　カフェでパティシエの仕事をしながらイベントなどに参加してい
たあるとき、磯木さんは喫茶店を営む女性と知り合う。彼女は、
マーケットでコーヒーと一緒に菓子を販売したいと考えており、一
緒に出店しないかと誘ってくれた。マーケットであれば、店舗をも

たなくても商売ができる。創業を決めた磯木さんは早速、販売する
菓子をつくる工房に適当な空き家を探した。一般家庭のキッチンで
は狭くてたくさんのケーキを焼いたりするのに不自由する。商売を
するならば業務用の設備があった方がよいが、不動産会社の情報で
は望むような物件を見つけられずにいた。

　周囲の人に相談するなかで、移住後に知り合った地元の男性が飲
食店として使われていた空き家を紹介してくれた。厨房が広く、申
し分なかった。

　開業の準備に当たっては、マーケットに誘ってくれた喫茶店の店
主が丁寧にアドバイスをしてくれた。彼女も移住創業した一人で
あった。当時車がなく移動手段の少なかった磯木さんのために自ら
車を出してくれたりもした。磯木さんは、彼女の協力のもと、工房
のホームページを開設したりイベントに申し込んだりして準備を進
め、2015年1月に初めてマーケットに出店した。

　デコレーションを派手にしたりオーガニック素材中心の菓子にし
たりとメニューを変えながら、屋台をのぞきに来る人たちの反応を
確かめた。近所の住民が中心となる店舗での販売に比べて、マー
ケットは訪れる人が毎回変わるのでさまざまな客層と接することが
できる。それだけたくさんの人の反応を見られるところが魅力なの
だと話す。客に喜ばれるものと自分がつくりたいものを擦り合わせ
ながら、商品のコンセプトを今のかたちに固めていった。SNS上
などでも話題に上るようになり、磯木さんのお菓子を目当てにマー
ケットに足を運ぶファンもできた。

　いすみ市では、港の朝市のような数十店舗が集まる大規模なもの
から、商品やテーマを限定した小規模なものまでさまざまなマー

2016年に始まった港の朝市

ケットが開かれている。なぜいすみ市には、こうした小商いの場が多いのか。いすみ市はどのような町なのだろうか。

住民と一体となった移住・定住支援

　いすみ市は房総半島の犬吠埼と野島崎のほぼ中央に位置し、夏は海水浴客でにぎわう[2]。九十九里浜の最南端にある太東サーフポイントはサーフィンのメッカとして有名で、町中ではサーフボードを積んだ車と冬でもすれ違う。また、大原駅と上総中野駅を結び、内陸部を走るいすみ鉄道をご存じの方は多いのではないだろうか。桜と菜の花に囲まれて走る黄色の列車は、鉄道ファンでなくともカメラに収めたくなる1枚だ。

　自然に恵まれ、食べ物もおいしい。北上する黒潮と南下する親潮が交わるいすみ市沖の器械根は、餌を求めてさまざまな魚介が集ま

2　海水浴場は、2020年、2021年はコロナ禍で閉鎖。

る豊かな漁場である。器械根のイセエビは「伊勢海美」として商標登録されているほか、柔らかく甘みがあるマダコも千葉ブランド水産物に認定されている。水揚げ量も多く、農林水産省「海面漁業生産統計調査」（2018年）によれば、千葉県で水揚げされたタコ類の63.4％はいすみ市産である。

また、千葉県最大の流域面積をもつ夷隅川が市内を流れており、肥沃な土地で育てられた「いすみ米」は、皇室献上米として用いられていたこともある。

一年中温暖で過ごしやすい土地柄、移住先としても人気がある。JR外房線特急列車で東京駅から70分ほど、東京湾アクアラインを利用すれば車でも行き来しやすい地の利から別荘も多い。

一方で、いすみ市もほかの多くの市町村と同様、人口減少問題に長らく直面している。いすみ市は2005年12月に旧・夷隅町、大原町、岬町が合併して誕生した市である。1990年時点の3町の人口は合計で4万3,431人あったが、合併後の2020年には3万5,544人と、30年で2割近く減少している。特に、15〜64歳人口は、2万7,797人から1万7,316人と4割近く減っている。

3町の合併を機に、地元の将来に危機感を抱いた若者たちは立ち上がった。2006年に、旧3町の商工会青年部が声をかけ合い、「まちづくりのための勉強会」を始めた。それをきっかけに、翌2007年には市の総務部に地域プロモーション室ができ、「いすみまちづくり推進協議会」が設立された。さらに、2008年に商工会青年部が中心となってNPO法人いすみ市ライフスタイル研究所（以下、いラ研）を設立。翌年には「いすみ市定住促進協議会」（以下、定住協）が設立され、官民協働で移住定住促進に取り組み始めた。

相談員一覧

いすみ大好き！ご相談お待らしております！

相談員の大きな共通項は一つ、皆いすみが大好き、いすみの良さを多くの人に知ってもらいたいと思っている事です。

そしてそういう気持ちの人が多いのでしょうか、現在沢山のスタッフが相談員として活躍しております。

皆様もいすみにお越しの際は、お気軽に相談員にご相談ください。

いすみの相談員※ クリックでプロフィール欄へ移動

市のホームページでサテライト相談員を紹介

　定住協では設立当初から「いすみ暮らしサロン」を開設し、市の職員と地元住民や先輩移住者がペアとなり、移住や二地域居住を希望する人たちの相談対応を行っている。実際に暮らしている人に買い物や仕事、育児などの日常について教えてもらえると好評だ。さらに、2018年にスタートした「サテライト移住相談所」では、移住し創業した先輩も相談員となり、相談者が興味のある分野について直接話を聞けるようにしたまた、港の朝市でも「移住相談ブース」を設けて、訪れる人たちにいすみ市の魅力をアピールしている。このほか、移住希望者に地元の日々の暮らしを体験してもらえるように、移住した子育てママとの交流会や、地元の人と一緒に草刈りをする体験プログラムも実施している[3]。

3　いすみ暮らしサロン・港の朝市移住相談ブースの開設、体験プログラムの開催はコロナ禍で中止となった。最新の状況はホームページ「いすみ暮らし情報サイト」を参照のこと。

　また、定住協の活動と同時に、いラ研が市の委託を受けて「いすみ市田舎暮らし情報発信事業」を開始する。移住体験ツアーや農業体験などの移住交流プログラムなどを開催することで、官民連携での移住定住促進を加速、継続させてきた。

小商いの文化が発達

　いラ研はこうした活動を通じて、いすみ市に移り住んだ人たちのなかに、自然のなかでの暮らしを満喫しながら趣味や特技を生かして小規模に商売を始める人が少なくないことを知る。このようなライフスタイルを重視した働き方は、いすみ市での暮らしに合っていた。また、そうした人たちの間では、自分がつくったものを消費者と触れ合いながら販売したいというニーズが多いこともわかった。

　そこで、つくり手の支援、空き施設の活用、地元の人と移住した人とのつながりの場づくりのために、2012年に千町保育所跡地で「いすみライフマーケット in ちまち」（いすみ市市民提案事業）をスタートした。毎月開催することで、参加者は出店時に気づいたことを次回の出店に生かしたり、その準備をしたりしやすくなる。また、小商いの先輩や客との交流を通して、商品をブラッシュアップすることもできる。これは、その後のいすみ市におけるマーケット文化のはしりとなった。

　また、月1回ではなく、継続してつくり手を支援し、販売や購入の機会を広げるために、チャレンジショップを開始する。お試しで創業できる場としてキッチンなどの設備が整った店舗を安く貸し出し、創業を考える人たちの足がかりとした。商店街の空き店舗活用にもつながった。

　こうして、数年の間にイベントやマーケットが増え、出店者同士のつながりも広がった。さらに、SNSの発達により、出店の声かけや集客などもしやすくなり、自然と小商いやマーケットの文化が広がっていった。市もいラ研も、自分らしく暮らせることが町の魅力であると考え、大企業を誘致して雇用を増やすのではなく、移住した人たちが地元で自ら事業を起こすことで、地域の経済を活性化させる支援を行ってきた。行政と住民が協働するなかで、「いすみ暮らし」に合った起業の仕方として小商い文化が発達し、個々人が主役となって活躍できる町が育まれていったのである。

　官民が連携する姿勢をとってきたことで、定住協やいラ研にかかわる人のなかには、移住者の生活に関する相談に応じるなど積極的にケアをする人もいる。市の担当者も頻繁に様子を見に来てくれ、わからないことや相談をもちかけると対応してくれるなど距離が近く、安心できるそうだ。

　こうした取り組みのなかから、小商いを経ていすみ市内に店舗を構えるにいたった人もいる。市内で古民家カフェの「杢珈琲」を始めた木村洋平さんである。

杢珈琲　木村洋平さん

　木村さんは東京都葛飾区の出身で、都内の飲食店や喫茶店に15年ほど勤めていた。私生活でもコーヒー好きが高じて自ら生豆を焙煎したりして研究を重ね、知り合いに頼まれて販売もしていた。三重県出身の妻と出会い、子どもにも恵まれた。しかし、仕事は忙しく、子どもが起きている時間には帰れないような日々だった。見渡せば周辺に子どもを思い切り遊ばせるような環境もない。都心での暮らしに見切りをつけた。

一杯ずつ丁寧にいれる木村洋平さん

　いすみ市はおじが暮らしていたところで、木村さんも幼い頃はい
とこたちと海や山でよく遊んだ思い出の場所である。空き家になっ
ていたおじの家を譲り受けて、2015年に一家で引っ越した。すでに
いすみ市に住む知り合いはいなくなっていたが、うまくいかなけれ
ばまた引っ越せばよいとさほど心配していなかったという。家の近
くにある眼鏡店が正社員を募集していたため、応募し勤務した。

　ある時、引っ越しのときに世話になった地元の男性から声をかけ
られる。木村さんがコーヒーを焙煎していることを知って、いラ研
の運営するチャレンジショップでコーヒーを販売してみないかとい
うのである。木村さんは月に2回ほどのペースで利用してみた。す
ると、同じ時期にチャレンジショップに出ていた人たちとの交流が
できて、市内のイベントに出店しないかと誘われるようになる。次
第に自らも参加できるイベントを探すようになり、冒頭の港の朝市
に定期的に店を出すようになった。港の朝市は開催日が日曜なので、

勤務をしながら副業として出店できる。午前中のみの開催であるため、午後は子どもと遊んだりしてゆっくり過ごすことができた。

　もともとカフェを開くことに関心はあったが、定年してからの話でだいぶ先のことだと思っていた。しかし、港の朝市に出店してお客さんとやりとりをするうちに、自分の店を構えるという夢が現実に近づいてきた。決め手になったのは、商工会が主催する創業塾に参加したことである。興味半分で参加してみたのだが、事業計画の立て方などを面白く感じ、実際にやってみたくなった。

　2年間勤めた眼鏡店を辞めて店を出す準備を始めた。ところが、物件は簡単には見つからない。古民家カフェをコンセプトにした店を開きたかったが、代々受け継いだ家が空き家になっても情報を公開している人が少なかったのである。それに、長く人が住んでいなかったり古すぎたりすると、改修に多額の費用がかかってしまう。

　そこで、チャレンジショップを紹介してくれた男性に相談したところ、管理を任されている古い家があるという。築80年で、店として使われていた時期があったために業務用の厨房も備わっていた。すりガラス越しの庭の緑がすがすがしく、天井も高くて居心地が良い。その場で契約を決めた。

　厳選した豆を自ら焙煎し、新鮮な香りが引き立つよう一杯一杯丁寧に淹れている。メニューには季節の果物を使ったパフェも載せた。喫茶店や飲食店に勤めていた経験から、盛り付けはお手の物である。ゆったりと静かに過ごせる場所だと口コミが広がる。夏休みなど人が特に多くなるときはアルバイトを雇うなど、少しずつ経営は軌道に乗っていった。

　とはいえ収入はまだ安定しない。店は最寄りの駅から歩いて15分

古民家を改装した杢珈琲

ほどの場所で、車通りはあるが歩いている人は少ない。カフェを知っ
てもらうためにも港の朝市への出店は続けている。また、自分で焙
煎したコーヒー豆を飲食店などに卸したり、妻も近所の梨農家で収
穫のアルバイトをしたりと、仕事をかけ持ちしながら家計を補っ
ている。それでも、東京で暮らしていたときと比べれば家族と過ご
す時間は増えたし、自然が多く生活環境にはとても満足している。

人と人とのつながりが町の魅力に

　移住者同士や移住者と地元住民のつながりから、さまざまなコ
ミュニティも生まれている。例えば、地元の女性限定の集まり
「isumie」は、いすみ市での生活に関連した情報が、SNSを介して
発信されている。メンバーそれぞれが複数のコミュニティに参加し
ているため、コミュニティ同士の情報も共有されやすい。
　新型コロナウイルスの感染が拡大した2020年は多くのマーケッ

トが中止され、磯木さんのようにマーケットを中心に小商いを行う
人たちは活躍の場を失った。それでも、培われてきた人同士のつな
がりからいろいろなアイデアと協力の輪が生まれた。

　「ナカガワお持ちかえり BOX」もその一つである。市の旧中川村
エリアを中心に、マーケットに出店していた人たちが集まり、おに
ぎりや惣菜、デザートなどそれぞれの商品を持ち寄って、完全予約制、
ドライブスルー方式でのサービスを開始した。人との接触や密を避
けてマーケット気分を楽しめると口コミで評判が広がり、利用者
が増加した。現在はミニマルシェとして、継続して開催している。
磯木さんも、いすみ市で店を営む仲間たちと、ファン層に対してだ
け開く小さなマーケットを開催したりして、活動を続けている。い
まや磯木さんは地元の輪の中にしっかりと組み込まれている。

　行政だけでは人手が限られ、移住し創業する一人ひとりにきめ細
かいサポートを継続して行うことは難しい。いすみ市は、合併を機
に地元の若者たちが立ち上がり、早くから民間での活動が継続して
行われた。また、官民協働で移住定住促進やつくり手の支援に取り
組んできたことで、人々のつながりや支援体制が整ってきた。市の
担当者は、「地区の会議やコミュニティに参加し交流を増やすこと
が、暮らしやすさにつながる。困りごとがあれば相談に乗ってくれ
る先輩移住者、創業者を紹介したりと、行政だけでなく地域全体で
サポートできる体制をつくりあげたい」と話す。行政と民間が連携し
て、移住した人同士や地元の住民がつながる場を広げていくことで、
移住創業者が安心して自分らしく活躍できる場が醸成されてきたと
いえる。地域を盛り上げたい、元気にしたいと願う一人ひとりの想
いが、いすみ市に次なる移住創業者をひきつけている。　　　（桑本）

事例4

つながりを生み育む町

岐阜県郡上市

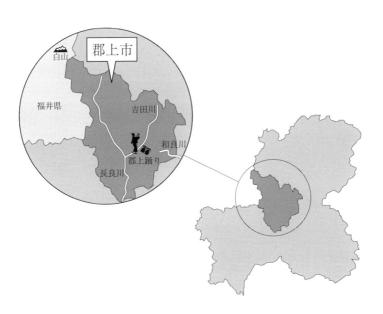

水のまち　郡上八幡

＜地域概要＞岐阜県郡上市

人　　口	1990年：50,986人（うち65歳以上の比率：18.9％） 2020年：38,997人（うち65歳以上の比率：37.5％）
面　　積	1,030.8平方キロメートル
東京からのアクセス例	JR 東京駅 ☚（約100分）～JR 名古屋駅 🚄（約40分）～ JR 美濃太田駅 🚄（約90分）～郡上市

踊り下駄が彩る町並み

　岐阜県郡上市が誕生したのは2004年である。平成の大合併により、岐阜県のほぼ中央に集まる八幡町、大和町、白鳥町、高鷲村、美並村、明宝村、和良村が合併した。岐阜県の総面積の約10%と広く、エリアごとにさまざまな表情をもつ。例えば、北側の高鷲や明宝には、大規模なスキーゲレンデが集まる。北西部の白鳥は、霊山白山への禅定道の起点「美濃馬場」があり、奈良時代から続く山岳信仰の神秘的な雰囲気が今なお漂う。温泉で有名な下呂市に隣接する和良には、オオサンショウウオの里として知られる清流、和良川が流れる。市にはほかにも長良川などの一級河川が24本もあり、郡上藩主の城下町だった八幡は、水路が整備された水のまちとして美しい町並みを残す。

　この八幡町は、毎年夏行われる郡上おどりでも有名である。江戸時代、士農工商がいさかいなく暮らせるように、郡上藩主が村々の踊りを城下町に集めて、盆の送り火から迎え火までの期間、無礼講で踊り明かすようにしたのが始まりと伝わる。400年以上経つ今でも、踊り好きの「踊り助平」も初心者も、地元の人も観光客も、踊り屋形を囲んで幾重にもなって踊る。三十数夜、会場を移しながら開催され、盆の4日間は「徹夜踊り」といって、東の空が白み始めるまで踊り続ける。

　踊るために県外から通う人も多く、毎夏全国から30万人近くが集まるのだという。名古屋市や岐阜市などと高速バスが直通しており、中心街のバスターミナルには大型バスが次々に入ってくる。通りには観光客に向けた土産物店や飲食店が並ぶ。

花篭　吉澤英里子さん

　ターミナルの向かいに建つ「花篭」は、吉澤英里子さんが2018年の夏に始めた土産物店である。店内には色とりどりのポーチやヘアアクセサリーなどの雑貨が並び、店頭では最中アイスや岐阜名物の五平餅、コーヒーなどを販売している。岐阜市出身の吉澤さんは、高校で服飾デザインを学んだ後、アパレル会社で企画営業の仕事をしていた。営業成績は良く、毎日が充実していたが、5年ほど経つと大好きなスノーボードに専念したいとの思いが強くなる。勤めを辞めて、郡上市のスキー場でインストラクターの職を得た。オフシーズンには雪山から下りてアパレル会社の契約スタッフとして働いた。

　結婚して市内に引っ越し、2児を授かった後も、冬になるとゲレンデに通った。そこで出会う若者のなかには、以前の吉澤さんのように冬と夏で二足のわらじを履いて生計を立てている人が少なくなかった。夏の間も市内でできる仕事があればずっとこの町にいられるのにという声を聞いて、それならとスキー場で働いていた女性2人を誘って始めたのが花篭だった。店に置く商品は、吉澤さんがデザインし、製作は主に地元の主婦に委託している。郡上踊りのイラストが描かれた手ぬぐいでつくる和柄の小物などが、観光客に人気である。

　吉澤さんにはかねて気になっているものがあった。郡上おどりで履く下駄の鼻緒である。好きな柄の布地で手づくりしたいと考えたが、つくり方の見当がつかない。近所の履物店を回って調べていくうちに、市内で売られている下駄の鼻緒はすべて、県外産であることを知る。大勢の踊り手の足元を彩る鼻緒を市内で賄うようにすれ

さをり織りの鼻緒の下駄を持つ吉澤英里子さん

　ば、地元に新たな産業をつくることができる。そう意気込んだ吉澤さんは、インターネット検索や電話での問い合わせを重ねて、奈良県や栃木県の問屋にたどり着き、鼻緒の芯に使う材料を調達した。つくり方は、紹介してもらった滋賀県の鼻緒問屋に通い詰め、少しずつこつを覚えた。試行錯誤の末、2019年の郡上おどりで初めて、花篭の鼻緒を挿げた下駄がデビューを果たした。

　鼻緒の表地には、和モダンやレトロ調のプリント生地のほか、近所にある福祉施設で織られた「さをり織り」を使う。織り目や色使いが斬新でかわいいと、特に人気が高い。材料もメードイン郡上の下駄を浸透させていくことで、地域の仕事を増やし、働きがいにもつなげていきたいと吉澤さんは考える。ただ、自分や期間限定で働くスタッフだけでは、できることが限られてしまう。専任で取り組んでくれる仲間を募ろうと、市の「共同創業プログラム」に応募した。

地域を支える事業を皆でつくる

　このプログラムは、地元の住民や経営者が考えた事業を、応募した都市部からの移住者と共同で行うものである。地域の特徴や課題に即した事業を、ヨソモノの視点を取り入れて発展させるねらいであり、移住者の働く場の創出だけでなく、地域の困りごとの解消にもつながる。移住者にとっては、ゆかりのない土地で一人で創業するよりも移住創業のハードルが下がる。

　市の移住促進事業の一環で構想された「郡上カンパニー共同創業プロジェクト」は2018年から始動し、一般社団法人郡上・ふるさと定住機構が市の委託を受けて運営している。事務局を務める小林謙一さんも、埼玉県出身の移住者である。東京での勤務を経て、2009年、法人の前身となる郡上市交流・移住推進協議会に所属した。

　ほかの地域と同様、市の人口も減少の一途である。1990年時点で5万986人いた人口は、2020年までの30年で4分の3の3万8,997人に減っている。地域を活性化させるためには移住者を増やさなければならないが、家や仕事を用意するだけでは定住につながりにくい。郡上らしい生き方を望む人を呼び込むようにすれば、市内に腰を落ち着けてくれる可能性が高くなるのではないか。そう考えた小林さんたちメンバーは、市内でスキーや川下りといったアウトドアが盛んであることに目をつけて、アウトドアのインストラクターなどの養成学校を立ち上げようと提案した。

　ところが、地元の事業者からは、インストラクターばかり増えても客の取り合いになるだけで経済効果が小さいと異議が唱えられた。そこで、インストラクターに限らず、ベンチャーマインドをもっ

た人に来てもらおうと、2017年に「郡上・自然のしごと学校」の立ち上げを決めたのである。その後、郡上カンパニーと名前を改めた。翌年に、郡上・ふるさと定住機構を設立して小林さんは籍を移し、市から委託されるかたちでカンパニーを運営することになった。

　呼び込むターゲットは、東京在住で郡上を訪れたことがない28歳の若者をイメージした。社会人5年目で仕事が板につき、自分の力量を試したり、新しいことにチャレンジしたりしたくなるころであり、バイタリティーもある。都心で生活しておりトレンドに明るい彼らの視点を取り込めば、地域課題の解決や、これまでなかったビジネスの創出も期待できる。ただ、地域の実情をよく知らないままで新しい事業を持ち込んでも、土地柄に合わずに続かないかもしれないし、住民の理解も得にくい。そこで立ち上げたのが、地元の人のアイデアを生かす共同創業プログラムだった。

　プログラムは三つのプロセスを踏む。まず、住民から事業のアイデアを募る。次に、そのアイデアを、発案者や住民、都市部の若者たちが合宿形式で事業計画を共創していく。最後に、具体的な計画立案まで至ったプロジェクトを、若者と事業の発案者が共同で実現する。当初描いたスキームは大まかにはこのようなものだった。

　しかし、実際に走らせてみると少しずつ方向性が変わっていった。2018年の第1期には、2番目のワークショップに26人が集まった。企画ごとに計八つのグループに分けて話し合いをしたが、ディスカッションのなかで、企画とはまったく別のプロジェクトが生まれたり、発案者ではない住民が新しいアイデアを持ち込んだりといった具合いであった。ただ、プロセスやグループごとの境目がなくなり、相互に補完するようになったことで、住民や若者からさま

ざまな意見が上がり、それを皆で考える循環が生まれた。

　また、ワークショップに参加した都市部の若者からプロジェクト
の創業パートナーを選ぶ計画だったが、移住創業までとなると消極
的な人が多く、別途移住し、共同創業を希望する人を募ることに
なった。ただ、ワークショップの参加者と市の関係が切れることは
なかった。多くの若者が、終了後も都市部で働きながら郡上とのつ
ながりをもち、事業の様子をたびたび見に来たり、知識や人脈を生
かしてアドバイスをしてくれたりしている。

　都市部から移住して事業の担い手となる創業パートナーは、市か
ら最長3年間、活動経費などを支給される。移住後は、事業に携わ
る傍ら、定期的に郡上カンパニーの研修に参加して、進捗を報告し
たり地域についての理解を深めたりする。

　花篭の吉澤さんの創業パートナーになったのは、東京の百貨店に
勤めていた山根さきさんである。郡上市の出身で、地元に戻りたい
と考えていたときに共同創業プログラムを知り、鼻緒のプロジェク
トに興味をもった。プログラムの応募者は、市の担当者や事業の発
案者と事前に面談をする。吉澤さんの、鼻緒づくりを通して地元の
仕事をつくりたいという考えに共感した。吉澤さんも、山根さんの
素直な人柄や「根性がありそう」なところが気に入ったという。

　2020年に移住し、主に鼻緒の広報を担当する。折あしく新型コロ
ナウイルスの感染拡大が始まり、その年の郡上おどりは中止となっ
た。それでも、郡上メードの鼻緒や和小物をインスタグラムにアッ
プするなどして、広く発信している。その一方で、郡上カンパニー
の研修で市内を巡り、地元に長く暮らしているお年寄りの話を聞い
て土地の歴史を学ぶなどしている。市で生まれ育った山根さんに

とっても、初めて地元の旅館に泊まったり、知らない場所を訪れた
りと、とても新鮮な経験になった。2年目の研修では、実際に事業
を進めるなかでの悩みを参加者同士で共有し、情報交換する。郡上
カンパニーという場があることで、移住後に地域の住民やほかの移
住者とつながりをつくりやすい。山根さんは、自分一人でも店の周
辺を歩き、地元の店主と交流をもつようになった。市内の履物店を
訪ねて、花篭の鼻緒を卸す先を開拓している。2021年も郡上おどり
は開催されなかった。たくさんの踊り手の足元を郡上メードの鼻緒
で彩る日に向けて、今できることを着実に進めている。

山村の暮らしを受け継ぐ

石徹白洋品店㈱　代表取締役 平野馨生里さん

　地域に大きな利益をもたらすまでに発展した共同プロジェクトは
まだ少ないが、地域に根づき、地域のために行動する仲間は確実に
増えている。諏訪裕美さんは、創業パートナーとして携わったプロ
ジェクトの終了後も、市内で暮らしている。福井県の出身でフラン
スで服飾デザインを学び、福岡県での勤務を経て郡上カンパニーの
共同創業プログラム1期生として移住した。今は、プロジェクトの
発案者である平野馨生里さんが経営する石徹白洋品店㈱で働く。

　石徹白洋品店㈱は、市の白鳥町石徹白に伝わる仕立ての技術を現
代の洋服に取り込み、注目を集めている店である。「たつけ」「かる
さん」「はかま」などいくつかの服の形があり、共通するのは布地
を一切無駄にしないことである。一般的な洋服は、立体構造にする
ために生地を曲線に裁断するので、多くの端切れが残ってしまう。
一方、たつけなどの仕立てでは、和裁の考え方に則りすべて直線で

石徹白洋品店㈱の平野馨生里さん（右）と諏訪裕美さん（左）

　裁断。一枚の生地を大小さまざまな四角や三角に切り分け、それら
を組み合わせて服を仕立てる。そのため、生地を余すところなく使
えるうえに、動きやすく着心地のよい服に仕上げられる。

　平野さんは岐阜市の出身で、大学進学を機に東京へ移り、会社勤
めを経て市へ移住、2012年に石徹白洋品店㈱を創業した。住居兼店
舗を置くのは市のなかでも山深い、福井県との県境にある石徹白で
ある。初めて訪れたとき、石徹白に暮らす人たちの、自然の恵みを
生かしながら地に足をつけて生きる姿に、自分の求めていた生き方
が重なって移住を決めた。そして、集落にある古い蔵に置かれてい
たたつけのズボンと出会ったのである。

　生地を大切に使う先人の知恵は、ものにあふれ、環境への負荷ば
かり大きくなっている今こそ必要なものであり、後世に伝え残して
いくべき文化だと感じた。地元のお年寄りの家に通ってつくり方を
教わり、商品化した。コンセプトに共感する都会の30〜50歳代の女

性を中心に評判は高い。通信販売も行うが、山奥の店までわざわざ足を運ぶ人も少なくない。

　平野さんはまた、染色も伝統の手法にできるだけ倣いたいと考えていた。タデアイの葉を発酵させて染料をつくる藍染めや、草木を煮出して行う草木染めなどである。化学薬品は一切使わず、使い終わった染料や搾りかすは畑の肥料になるなど、自然の循環に逆らわない手法である。石徹白では藍染めは100年ほど前に廃れてしまっていたため、福井県の工房を訪ねて学んだ。いつかはすべてを石徹白のなかで循環させたいと、家の前の畑でタデアイも育て始めた。

　どの作業も非常に手間がかかるうえに、染めに関しては試行錯誤の段階である。平野さんの考えに賛同した市内の女性たちが、子育てや家事の合間をみて、縫製を手伝ってくれるようになったが、まだ手は足りなかった。さらに、仲間に加わった彼女たちからは、ストールやハンカチなどの小物もつくったらどうかといったアイデアが挙がるようになった。自身も小さな子どもを抱える平野さん一人では対応しきれないが、身近には服飾デザインの経験や染色の知識をもつ人はいなかった。ほかの地域から人材を募れば、新しい発想も加わって相乗効果が得られるかもしれない。そこで、共同創業プログラムに応募したのであった。

　このプロジェクトに手をあげた諏訪さんは、草木染めの知識をもち、前職でオリジナルブランドの立ち上げに携わった経験もあった。染色技術についてもっと勉強したいと勤め先を退職した次の日に、募集を見つけた。これ以上の適役はいない。諏訪さんは、石徹白洋品店㈱の新事業として製品のプロデュースに携わり、その後、同店に従業員として勤務することになった。

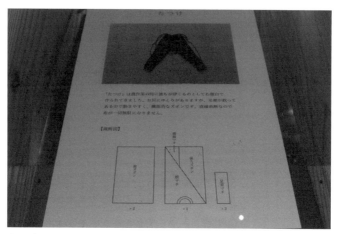
たつけのつくり方も公開

　諏訪さんが加わり、事業は一層広がりをみせている。石徹白は自生する植物の種類が多く、サクラやクリ、ビワなど季節ごとにさまざまな色の草木染めに挑戦できる。藍染めも、始めてから6年経った。夏には、子どもから大人まで参加する藍染めの体験イベントを開催する。雪深くなり店を閉める冬には、たつけのズボンをつくる2泊3日のワークショップも開く。原動力になるのは、自然に寄り添って生きてきた先人の知恵や精神を広めたいという思いである。平野さんは、たつけのつくり方も冊子にまとめて公開している。

　現在、住居兼店舗のほかに、近所の元民宿などを3軒改修して使っている。夫の彰秀さんも手伝うほか、10人ほどの女性がパートで働いている。育児や介護などさまざまな家庭の事情を抱える女性の働く場をつくりたいという平野さんの言葉のとおり、雪のない季節だけアルバイトに通う近所の女性や、リモートでデザインや企画の作業をしてくれる女性もいる。

　増えたのは従業員だけではない。平野さんは2021年の春、4人目の子どもを出産した。子どもたちのにぎやかな笑い声が、山村の未来を明るく照らしている。

暮らしの場を仲介する

　花篭の吉澤さんと山根さん、石徹白洋品店㈱の平野さんと諏訪さんは、郡上カンパニーという、いわばプラットフォームがなければ出会うことはなかった。市にはほかにも、移住者に役立つ仕組みがある。一般財団法人郡上八幡産業振興公社が運営する「チームまちや」は、八幡エリアの空き家と移住希望者をつないでいる。

　市内の空き家は増えつつあり、八幡町は特に数が多い。2013年の調査によれば353軒が住人不在の状態であった。市では空き家の持ち主に、なぜ空き家のままにしているのかヒアリングをした。すると、多くは貸したいと思っているものの、改修費用の負担や入居者とのトラブルなどを心配していることがわかった。

　さらに、八幡町にある空き家を1軒、実際に借りて改修し、必要な改修の程度や費用、改修後の維持費を調査した。城下町の古い家屋は、トイレが水洗式でなかったり、風呂場がなかったりする家も珍しくない。現代のライフスタイルに対応させるためには、相応の費用と時間がかかることがわかってきた。さらに、シロアリの発生など、改修に着手して初めて明らかになる問題もあり、工務店と何度も打ち合わせる必要がある。市外に住んでいる空き家の持ち主が、都度対応することは難しい。空き家改修の補助金を出すだけでは、空き家問題を解消できないと考えられた。

　そこで市は、2015年、八幡町の空き家の改修から貸し出しまでを

仲介する事業を、郡上八幡産業振興公社に委託した。まず、市と公社が拠出した基金を元手にして空き家を改修する。入居者から回収して持ち主に支払う賃料の一部を、基金に戻していく仕組みである。公社は持ち主と最長で10年の賃貸契約を結び、その期間内に改修にかかった費用を回収できるように、入居者の家賃を決める。

公社でチームまちやの運営に当たるのは、元市職員でまちづくりや都市計画に携わっていた武藤隆晴さんである。空き家の持ち主から相談を寄せられることは増えたが、老朽化が激しいと改修費用がかさみ、その分家賃が高くなる。また、家の中に仏壇が残っていると、取り扱いの過程でトラブルになりかねない。武藤さんたちが現場へ赴き、問題を一つずつ検討して改修の可否や程度を決める。費用をかけすぎないよう、風呂、トイレ、台所といった生活に関連する部分を中心にするなど、必要最低限の改修にとどめる工夫もする。

ホームページで公開する空き家の情報も、最低限にしている。持ち主のなかには、近所の人の目を気にしたり、家が空き家であることを不特定多数の人に知られるのを不安に思ったりする人が少なくない。家をアップにした写真と大まかな場所、築年数や改修年、面積だけを載せる。ホームページを見て問い合わせてきた人に面談を行ったうえで、実際の物件を案内する。また、改修した空き家を10軒程度見学する「空き家拝見ツアー」を年3回実施している。

空き家を通じて移住者を増やすために、入居者は市外からの人や、市へ移り住んで3年以内の人に限定している。移住して何をしたいのかを最初に聞き取り、創業を考えている人には、その事業に合った場所にある空き家を薦める。例えば、飲食店であれば商店街など人通りの多い場所、落ち着いた宿泊施設を考える人には路地裏

チームまちやの武藤隆晴さんとスタッフの枡田なつみさん

　の空き家を紹介する。地の利をよく知るチームまちやが相談に応じるので、移住創業を希望する人も心強い。

　心強いサポートはほかにもある。チームまちやでは、新しい入居者に付き添って、自治会や近隣の住民にあいさつ回りをしている。わからないことや困ったことがあったときに近所で相談に乗ってくれる人を紹介するなどして、暮らしやすくなるように気遣う。住民の方も、チームまちやが間に入ることで、安心して新しいご近所さんを迎え入れられる。

　チームまちやを発足して2021年度で6年が経つ。年5軒のペースで空き家の改修を行い、これまでに33軒を手がけた。約20軒が新しい住人を得ており、そのうち3分の1は町内で創業している。ただ、個人にとって、移住は人生の一大事である。武藤さんたちは、移住の覚悟を決められずに悩んでいる人を何人も見るなかで、「お試し町家」を始めることにした。移住検討者に、1〜3カ月程度、

空き家を貸し出す。家具を一式備え付けて、希望者は自分の布団を持ち込めば済むようにしている。簡単にやり直せる状態で移住してみて、判断してほしいと武藤さんは言う。

さらに、お試し町家の車庫をチャレンジショップの場にしている。人通りの多い場所にあるので、移住創業を考える人は、町に暮らしながら仮店舗を出してみて、客の反応を確かめることができる。

HARMONY ほとり　梶田香里さん

愛知県田原市から移住して、カフェ「HARMONY ほとり」を創業した梶田香里さんは、このお試し町家を利用した後、移住創業を決めた。岐阜市の出身で、田原市で夫とカフェを営んでいたが、自分が生まれ育った岐阜の自然のなかで子育てをしたいと思うようになる。八幡町は、幼い頃、踊り好きの父に連れられて毎夏のように訪れていた思い出深い場所である。ただ、実際に暮らすとなると、地域に溶け込めるか不安もあった。そこで、幼稚園の夏休みに合わせて、息子を連れてお試し町家に1カ月間、仮移住した。

チームまちやの武藤さんが近隣へのあいさつ回りに付き添ってくれたため、すぐに住民とも顔見知りになれた。皆、梶田さん親子を気にかけてくれ、野菜を分けてくれたり、息子を川へ遊びに連れて行ってくれたりと、親切に接してくれた。

移住したらまたカフェを開きたいと考えていた梶田さんは、チャレンジショップも利用してかき氷店を始めた。また、近隣で店を開いている人に、1年を通した商売の繁閑や家賃の相場を聞いて、様子を探った。皆、気さくに教えてくれた。観光客が多くなる夏と、人通りが減る冬で売り上げの差がかなり大きくなると聞き、観光客だけでなく、地元の人が普段使いにするようなカフェにしようと考

カウンターに立つ梶田香里さん

えた。幸い、フルーツをたっぷり使った自家製シロップのかき氷は地元の人からも評判で、梶田さんは自信をつけることができた。息子もすっかり町が気に入った。夫を説得して正式に移住した。

　移住して最初の2年は、適当な場所を見つけられず、チームまちやのチャレンジショップを使わせてもらった。カフェを開くのだから、にぎやかな場所がよい。徹夜踊りのメイン会場となる商店街のなかに、シャッターが下りたままの手芸店を見つけた。毎日通い、移転の張り紙が出たその日に、大家に連絡をした。町に住んでいたこともあって信用を得られ、家賃も勉強してもらうことができた。

　カフェの人気メニューは、夏はかき氷、冬は五平餅である。梶田さんは、町内の五平餅を食べ歩くなかで、地のものを使った商品が少ないことに気づいた。町は、大学進学を機に出ていく若者が多い。彼らのふるさとの味にしたいという気持ちで、郡上みそと郡上しょうゆを使ったたれを考案した。観光客が少なくなる冬場はどう

しても客の入りも減るが、その間にかき氷のシロップづくりにいそ
しむ。八幡町の夏は暑い。暑さに閉口している人たちの表情が、か
き氷を口に入れた瞬間にほっと緩む、その様子を見るのが何よりう
れしいひとときだという。

アイデアが集まる場をつくる

　八幡町には、移住創業者同士がつながる場もある。2017年にオー
プンした「HUB GUJO」である。NPO法人 HUB GUJO として、
赤塚良成さんが代表を務め、妻の裕子さんが事務局として運営して
いる。良成さんは八幡町の出身で、名古屋市でプログラマーや広告
制作の仕事をした後Uターン、市が募集していた「ミニ行政パー
トナー」に応募して、テレワーク人材の誘致による移住促進事業な
どに携わっていた。そして、サテライトオフィスとコワーキングス
ペースとして、HUB GUJO を開いた。

　HUB GUJO は、地ビールレストランとして使われていた建物で、
その前は紡績工場であった。天井が高くゆったりしたつくりで、大
きな窓からは町の中心を流れる吉田川を眼下に望むことができる。
入居金はサテライトオフィスが月4万円から、テレワークでコワー
キングスペースを利用する場合は月1万円からである。1日単位で
利用することもできる。コピー機や3Dプリンターなども自由に
使える。利用者は好きな時間に来て仕事に集中できる。吉田川にカ
ヌーを浮かべて気分転換することも可能だ。

　HUB GUJO の特徴は、その立地や機能性だけではない。ここを
起点にしてさまざまな交流が生まれているからである。入居者は、
ITベンチャーや映像作家、教育サービス企画者、コーヒー豆の卸

HUB GUJO のコワーキングスペース

売りをしている男性、野菜の販売を手がけている人などさまざまで、互いに日々接するなかで新しい商品のアイデアが話し合われることもある。また、定期的にイベントを開催することで、入居者以外の人との交流も多発している。例えば、年2回の「HACK GUJO」では、参加者が市の地域資源を活用した事業アイデアを発表し、意見を募り、ブラッシュアップしていく。2、3カ月に1度開く「GUJO MEET UP」はもう少し気軽な集まりで、市内で活動する人を招いて話を聞く座談会のようなものである。

　こうした機会を設けるのは、良成さんが、移住を促進するだけでなく、移住した人を地域の資源に結びつけていくことが大切だと考えるからである。地域の課題を知り、移住者の視点で事業につなげて解決していく過程を、HUB GUJO がサポートするわけである。HUB GUJO からは、コロナ禍で中止となった郡上おどりをオンラインで開催して50万人の参加者を集めたイベントや、市が水のまち

オンラインで開催した郡上おどり

　であることを生かした土産品などが生まれている。この土産品は、水出しコーヒーの粉を入れたボトルである。購入者は、市内を歩き回っていろいろな場所の湧水を飲み、気に入った水をボトルに入れてコーヒーにする。町のことを知ってもらうだけでなく、さまざまな場所を巡ってもらうことにもつながる。HUB GUJO を起点にしてたくさんの花を咲かせていきたいという思いは、ゆっくりと実を結びつつある。

　郡上市では、郡上カンパニーやチームまちや、HUB GUJO などさまざまなつながりの場がつくられてきた。共通しているのは、つながりのきっかけだけではなく、つないだ後も寄り添いサポートしている点ではないか。補助金制度やサポートメニューを用意するだけでは十分ではない。それを運営する人や地域の住民が、利用者にしっかりと継続して寄り添い、制度をブラッシュアップしていくことで、移住創業しやすい町はつくられていくのである。　　　（桑本）

事例5

伝統や暮らしに共鳴する
人々が集まる町

富山県南砺市

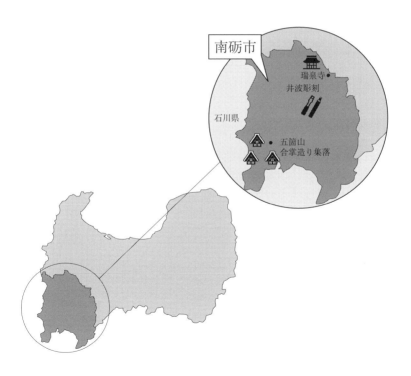

井波彫刻発祥の寺院・瑞泉寺

＜地域概要＞富山県南砺市

人　口	1990年：65,113人（うち65歳以上の比率：18.1％） 2020年：47,937人（うち65歳以上の比率：39.1％）
面　積	668.6平方キロメートル
東京からのアクセス例	JR 東京駅 ≤（約180分）～JR 新高岡駅 🚌（約40分）～南砺市

風情ある町並みが残る

　南砺市は富山県南西部、南は岐阜県、西は石川県の県境に接する。市の南端部にある合掌造り集落で有名な五箇山（相倉・菅沼）は、1995年に岐阜県の白川郷とともに世界遺産に登録されている。また、市北部には、日本遺産に指定された井波を擁する。井波は木彫刻の町である。中心部にある瑞泉寺参道の八日町通りには多くの彫刻工房が立ち並び、リズミカルな木槌と鑿の音が響きわたる。通りに面した作業場からは、木彫刻師が神社仏閣や家屋の装飾品をつくる姿を間近に見ることができる。

　瑞泉寺は1390年に開かれ、北陸の浄土信仰の拠点として多くの信者が集まった。江戸中期の1762年に建物が焼失した際、京都本願寺の御用彫刻師が再建のために井波の大工にその技術を伝えた。これが井波彫刻の始まりである。明治時代に入ると住宅の欄間を制作するなど井波彫刻が一般に広がり、それまでの大工と兼業する人たちに加えて、彫刻を専業にする人が出てくるようになった。瑞泉寺は「井波風」と呼ばれる強風にあおられて1879（明治12）年にも火災に見舞われたが、井波の人々は地元の建築や彫刻、漆芸の優れた技術を集結させ、再建を果たした。こうして、井波には木彫刻師をはじめ多くの工芸師が集まるようになったのである。昭和の時代には東本願寺や日光東照宮などほかの地域でも歴史的建造物の彫刻を手がけた。

　井波が「宮大工の鑿一丁から生まれた木彫刻美術館・井波」として、2018年に文化庁より日本遺産に認定されたのは、このような歴史的背景からである。この井波の伝統文化を味わえると国内外で注目されている分散型ホテルを経営するのが、山川智嗣さんだ。

彫刻士の仕事を間近に見られる

伝統文化を広める

㈱コラレアルチザンジャパン　代表取締役 山川智嗣さん

　山川さんが代表を務める㈱コラレアルチザンジャパンは一棟貸しホテル「Bed and Craft」を七つ運営している。山川さんは富山市出身で、東京と中国・上海で建築設計事務所に勤務した後、2011年に上海で「トモヤマカワデザイン」を立ち上げた。商業ビルやオフィスの設計を得意としている。

　山川さんは、高層ビルが次々に建設される上海で仕事を続けるなかで、文化や歴史を感じられる場所で暮らしたいと思い始めた。移住先として思い浮かんだのは、子どもの頃、親戚の家によく遊びに行っていた南砺市井波である。多くの彫刻師が活躍していて、ものづくりの伝統が受け継がれている場所であることも魅力に感じた。

　上海在住の共同経営者と協力して、移住後もトモヤマカワデザイン

Bed and Craft のフロントを兼ねたオフィスの前に立つ山川智嗣さん

の事業が続けられるよう手はずを整えた。2016年、上海から井波に
移り住んだ。奥さんも一緒である。

　山川さんは、移住したらまず住居を購入しようと考えていた。将
来にわたって地域で暮らしていく意思を町の人たちに示すことがで
き、地域の一員になる近道と考えたからだ。だが、都市部に比べて
不動産の情報は豊富ではない。山川さんは町を歩きながら、雨戸が
閉まったままなど空き家と思われる建物を探し、所有者に連絡を
とった。建具店だった物件を譲ってもらうことになり、リノベー
ションして住み始めた。山川夫妻と愛猫が暮らすには広すぎたた
め、2階部分を宿泊場所として提供することにした。Bed and Craft
の始まりである。

　宿泊（Bed）と朝食（Breakfast）をセットにした B&B になぞら
えて、宿泊（Bed）と伝統工芸品（Craft）の B&C をコンセプトに
した。井波に滞在して歴史ある町の雰囲気を味わってもらい、井波

漆芸家とコラボレーションした taë

の職人との出会いを通じて伝統文化を身近に感じてほしいという思いを込めた。実際、Bed and Craft では、職人に弟子入りする体験ができる。宿泊者は井波の彫刻師や漆芸師から直々に指導を受けながら、木彫りのスプーンや漆塗りの椀をつくれる。

　職人にとっては日々の作品づくりをしながらの対応となるため負担が増えるが、山川さんは協力してもらえるよう態勢を整えている。例えば、宿のなかに職人の作品を飾り、宿泊客が購入できるようにしている。その代金のほかにも、展示している間は、作品の借り受け賃を職人に支払っている。作品を発表する場を広げるとともに、収入源を増やしてもらうのがねらいだ。Bed and Craft の物件は料亭や診療所などの建物をリノベーションしたものである。木彫刻師が階段の手すりや照明の装飾に彫刻を施すなど、至るところで井波の職人の技を楽しめる空間となっている。

　日本の歴史を感じる町並みと一体になった宿に泊まれて、伝統文

化を担う職人と出会うこともできると、外国人観光客を中心に人気を集めるようになった。空き家を宿泊施設にするには1棟当たり2,000万〜3,000万円の費用がかかるが、市の空き店舗改修事業などの補助金を活用して負担を抑えた。また、Bed and Craft の取り組みに興味をもった海外の投資家たちからも出資が集まるようになり、改修費に充てることができている。

　地域の職人と一緒に魅力ある宿をつくりたいという山川さんの思いは、企業名にも込められている。㈱コラレアルチザンジャパンは、コーポレート（協働する）・レア（まれな）・アルチザン（職人）・ジャパンを略したものだ。コラレは富山弁の「来られ（いらっしゃい）」の意味も含んでいる。

　宿泊客には井波の伝統文化に触れるだけではなく、住民との交流を通して井波の良さを体感してもらいたいと、山川さんは考えている。井波に長く滞在してもらい、地元での買い物や飲食店の利用につなげようと、宿では食事を提供せずに近所の店に足を運んでもらうようにした。

　一方、地域の店主たちのなかには、増えてきた外国人観光客とのコミュニケーションのとり方に戸惑いを感じる人も少なくない。そこで、観光スポットや食事処などを紹介する英語と中国語のアプリケーションを導入した。外国人観光客は商品や食事の内容を事前に知ることができ、安心して店に入れる。地元の店主たちも英語表記のメニューをつくるなどして、進んで迎え入れるようになっていった。

　山川さんは地域の飲食店に通い、店主たちと交流するほか、草刈りや清掃などの活動に積極的に参加してきた。山川さんの人となり

を知り、Bed and Craft の事業にも理解を示す人たちが次第に増えていった。つながりが深くなるなかで、空き家などの情報が山川さんの元に集まるようになったという。

共感が移住の輪を広げる

　ホテルのオープンを重ねていくにつれて、メディアで取り上げられるようになり、山川さんの活動は町の外にも広く知られるようになっていった。一緒に井波を盛り上げたいと入社を希望する人も増えた。山川さんは従業員がそれぞれの得意分野を生かしてビジネスを考え、地域を活気づけられるようにと、社内で自由に事業を始められるようにしている。これまでに広告やツアープランの企画、井波の職人がつくった食器やインテリアを販売する店などが新たな事業として加わっている。従業員のなかには独立した起業家としても活躍する人がいる。その一人が大木賢さんである。

大木賢写真事務所　大木賢さん

　㈱コラレアルチザンジャパンで市内の企業を中心にウェブサイトやプロモーションの制作を請け負う大木さんは、自身の写真スタジオの経営者でもある。富山県高岡市の出身で、石川県金沢市内の大学に在学していた2017年からフリーのフォトグラファーとして活動してきた。

　大木さんと写真との付き合いは長い。中学生の頃から撮影した写真をブログで紹介するようになり、高校に入ると自転車でツーリングしながら美しい風景を写真に収めていった。ブログに載せた富山湾の写真が国内外のメディアで取り上げられたこともある。撮影のため井波を訪れたとき、彫刻工房が立ち並ぶ町並みに魅力を感じ

念願のフォトスタジオをオープンした大木賢さん

た。大木さんの印象に強く残った地域であった。

　大木さんが山川さんのことを知ったのは大学生のときである。富山の風景を発信してきた大木さんは、井波の伝統文化を広める活動で地域を盛り上げている山川さんの取り組みに共感した。大学卒業後は写真を生業にして、いつかは富山県に拠点を構えたいと考えていたこともあり、山川さんの下で勤務しながらフォトグラファーの活動を続けることに決めた。

　山川さんの教えを受けたことでマネジメントやマーケティングなどについて学ぶことができた。そして、地域の人たちと交流するなかで、写真スタジオとして手頃な空き家の情報を得た。築100年ほどの古民家を事務所兼スタジオに改修し、2019年に自らのスタジオをオープンした。スタジオを借りる手もあるが、県内にはレンタルスタジオが少ない。それに活動拠点がある方が腰を据えて仕事ができる。また、実店舗を構えることで、地域の人に大木さんのことや

ガラス扉でスタジオの様子がわかる

　その事業について知ってもらい、安心感を与えられると考えたのだ。扉はガラス張りの引き戸にして、スタジオの様子が見えるようにした。撮影をする大木さんやお客さんの動きが外にまで伝わり、町のにぎわいにつながっている。改修費は日本政策金融公庫からの借り入れのほか、市の起業家育成支援の補助金を充てた。

　撮影の依頼の8割は企業のプロモーション写真で、2割は家族写真である。県内の企業を中心に依頼を受けるほか、井波の職人の作品を撮影することもある。大木さんは、彫刻師のなかには作品が出来上がるとすぐに発注先に納めてしまい、記録に残す人がそう多くないことを知った。過去の作品を見られるようにすれば営業ツールとして活用できるのではないか。作品の写真を残すことを提案し、作品集をつくっている。彫刻師からは、顧客とイメージの擦り合わせがしやすくなった、自身の作風や技術を伝えやすくなったと喜ばれている。

　家族写真はというと、スタジオで家族のはれの日の姿を撮影する
ほか、スタジオを出て家族の日常生活に密着し、フォトブックにま
とめている。出産を控える家族に同行して、子どもの誕生を待ちわ
びる家族の表情や、家庭で親が子どもをあやしたり、風呂に入れた
りする日常の何気ない様子など、家族にとってはかけがえのない思
い出になる写真を収めて評判を得ている。

市外の人たちの応援を力に

　大木さんは自営と勤務の両方で人脈を広げ、地域を盛り上げてき
た。2018年に政府が働き方改革の一環として、副業・兼業の普及促
進を図る方針を示して以降、副業を解禁する企業が増えている。さ
らに新型コロナウイルスの感染拡大をきっかけに、副業に対する関
心が高まりをみせている。市では2018年から市外の人に副業で地域
の仕事をしてもらう「『副業』応援市民プロジェクト」を進めてき
た。ここで南砺市のプロフィールと合わせてプロジェクト設立の経
緯を紹介したい。
　南砺市は2004年に城端町、平村、上平村、利賀村、井波町、井口村、
福野町、福光町の八つの町村が合併して誕生した。1990年の8町
村の人口は6万5,113人、2020年の市の人口は4万7,937人と30年の
間に2割超の人口が減少している。地域にかかわりをもつ市外の人
たちを増やし、将来的な移住促進につなげていこうと、田中幹夫
市長の号令の下、市は2016年から「応援市民制度」を始めた。祭り
などのイベント運営の手伝いや市の宣伝、地域産品の購入により市
を盛り上げてくれる人たちを増やす取り組みである。2021年度末時
点で首都圏を中心に各地から950人を超える人たちが応援市民とし

て登録している。

　応援市民のなかに市内の企業で副業をしている人がいたことで、市では副業人材に着目するようになった。市内の企業は事業拡大のノウハウやスキルをもった人材を必要としているものの、継続的な雇用は難しい。営業の強化やマーケティング分析、IT活用といった能力を、市外の人材に副業として発揮してもらいたいと考えた。こうして副業に特化した求人サイトを運営する民間事業者や南砺市商工会と連携して、副業人材のマッチングを行う『副業』応援市民プロジェクトをスタートさせたのである。

　プロジェクトでは、副業人材を募集したい地元企業が、求人情報を提携する民間事業者の人材マッチングサイトに掲載する。採用された人は、月に1回以上のペースで地元企業を訪問して経営課題の解決に向けた助言や取り組みを進める。副業人材となる人にとってはスキルアップを図る機会になり、市内の企業にとっては新たな知見を得ることで今後の成長につながる。2018年度から2021年度にかけて39社の企業が求人募集を出し、411人の応募があった。これまでに18社が副業人材を受け入れている。

　プロジェクトのほかにも、地元企業の後継者や若手起業家に向けたプログラムもある。地域の課題を学び、解決のためのビジネスを新たに生み出してもらおうと、富山大学地域連携推進機構と連携し、2020年10月に「なんと未来創造塾」を始めた。また、富山県では農業分野での移住検討者向けに「とやま帰農塾」を実施している。農業や漁業に従事している人たちと作業をしたり田舎暮らしを体験したりする。2022年は県内の9地域で開催される予定である。とやま帰農塾の参加者である高橋悠太さんは、2015年に南砺市に移り住んだ。

農村の暮らしや食文化を伝える

コメ書房　高橋悠太さん

　高橋さんは富山市出身で、大学進学を機に名古屋市に移り住み、卒業後は名古屋市役所に勤務していた。農学部出身の妻の影響もあって農村での暮らしに関心をもつようになり、移住を考え始めた。住居を探して全国の空き家見学ツアーや移住に関するイベントに参加してみたものの、周辺の環境や建物の状態、価格などの面でなかなか良い物件が見つからなかった。あるとき参加したとやま帰農塾で転機が訪れる。塾で知り合った人が、南砺市院瀬見にある築80年を超える古民家を紹介してくれたのだ。家の状態が良く改修費用が抑えられることや、田園を一望できる景観が気に入り購入を決めた。

　2015年に移住した後、帰農塾を運営するNPO法人で勤務していたが、田園の暮らしをもっと満喫したいと思うようになる。職住近接の仕事であること、人口が少ない場所でも商売としてやっていけるよう幅広い年齢層に利用してもらえることを意識して、夫婦で始められる事業を考えた。田園のなかにある立地を生かし、「百姓の暮らし」をコンセプトにしたブックカフェ「コメ書房」を納屋で始めることにした。2018年のことである。改修費用には移住・起業補助金を充て、大きな窓を取り付けて田園の風景を楽しめるようにした。

　店内には農村をテーマにしたものを中心に農業や民家、民芸、地域に関する本が並ぶ。古本の買い取りもしている。カフェの人気メニューはカレーやサトイモのチーズケーキである。看板は店の方角を教えてくれる小さな矢印看板が通り沿いに一つあるだけだが、自

田園風景を一望できる大きな窓

　然光が差し込む店内で田園風景を楽しみながら本をゆっくり読みたい人たちが集まる。

　カフェと本の販売と二つの事業を運営していることで集客の幅が広がった。高橋さんは食と古本それぞれに関するイベントに出店して、幅広い客層にコメ書房を知ってもらう機会をつくってきた。さらにカフェの窓から見える夏の青々とした田畑や雪化粧をした冬の風景などを SNS で発信すると、若い人を中心に石川県などからも客が訪れるようになった。

　カフェで開催しているイベントも好評である。大学から講師を招いて1冊の本を皆で読み解いていく読書会や、餅つき大会、2019年からは「かぶらずしサミット」を開催してきた。かぶらずしは富山県の郷土料理で、塩漬けしたカブにブリの切り身を挟み、米こうじをまぶして熟成させてつくる。家庭によってカブ以外の野菜を使ったり、塩の量や時間など熟成の方法が変わったりするから、市内に

かぶらずしサミットで家庭の味を紹介

住む人たちが家庭の味を披露して交流を深めることができる。県外の人には富山の食文化を知る場になる。こうした取り組みを経て、地域や世代を問わずさまざまな人に来店してもらえるようになった。

　冬は降雪が多くなると休業せざるを得ないものの、高橋さんはインターネット上で古本の販売もしていて安定した収入を確保できている。暮らしのそばで始めた仕事が軌道に乗り、高橋さん自身も「百姓の暮らし」を楽しんでいる。家庭菜園で育てた新鮮な野菜で料理をしたり、近所に住む人たちの農作業を手伝ってアルバイト収入を得たりしている。高齢化が進む地域で若い労働力は重宝され、町内会や青年会、消防団でも活躍している。

コロナ禍のなかでも発信を続ける

　2020年になると、新型コロナウイルスの感染拡大が山川さん、大木さん、高橋さんの事業にも大きな影響を与えたが、彼らは柔軟

な姿勢で事業を継続してきた。コメ書房では休業を余儀なくされ、来店客数も減少したが、オンラインで読書会を開き、県外に住む大学教授を講師として各地にいる顧客と交流を深めた。インターネットでの古本の販売は順調である。

写真館を経営する大木さんは家族写真の依頼が減少した。ただ、対面販売が難しくなった小売店の事業者から、EC サイトに出品するための商品の撮影依頼を受けるなど、新たな顧客を開拓している。

山川さんが経営する㈱コラレアルチザンジャパンでは Bed and Craft 利用者の多くを占めていた外国人が日本に来られなくなり、客数は一時大きく落ち込んだ。しかし、コロナ禍により遠出が難しくなったことで逆に県内や隣県からのお客が増え、マイクロツーリズムの流れができた。一棟貸しゆえにほかの客と接触せずに泊まれることや、以前から世界各地から客がやってくる宿として認知されていたことも追い風となった。また、セルフチェックインシステムを整えたり、部屋の冷蔵庫に地酒を置いたりするなど、感染対策を強化しながらサービスを向上させた。県内在住者であっても井波彫刻を知らない人は多く、地域の魅力を発見できたと高い満足感につながっている。

山川さんは井波の文化を継承しようと、2020年に地元の経営者たちと一般社団法人ジソウラボを立ち上げた。地域で起業を志す人と地元の人とをつなげるほか、事業計画書づくりや顧客の開拓といった起業の準備を支援するなど、先輩起業家として活躍の場を広げている。地域の伝統や暮らしの魅力を発信して、地域に関心を寄せる人たちを増やしていくことが、移住者や移住創業者を増やし地域を盛り上げていく鍵となる。　　　　　　　　　　　　　　　（青木）

事例6

里山の暮らしを伝え残す

和歌山県田辺市龍神村

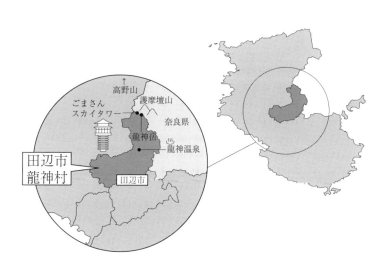

町中のいたるところに飾られている龍神のオブジェ

＜地域概要＞和歌山県田辺市龍神村

人　口	1990年： 4,847人（うち65歳以上の比率：23.5%） 2020年： 2,751人（うち65歳以上の比率：44.3%）
面　積	255.1平方キロメートル
東京からのアクセス例	羽田空港 ✈ （約75分）〜南紀白浜空港 🚌 （約20分）〜 白浜駅 🚌 （約20分）〜紀伊田辺駅 🚌 （約80分）〜龍神村

村の一員になる

梅樹庵　竹内雅一さん

　レストラン「梅樹庵」のオーナー、竹内雅一さんが和歌山県田辺市龍神村に移り住んだのは1988年のことである。まだ国道も通っていなかった当時、細い山道をひたすらバスに揺られてようやくたどりついた場所だったが、澄んだ空気、おいしい水、そして緑深き山々に囲まれた風景に心ひかれた。

　竹内さんは、神奈川県内に31店舗を構えるレストランで総料理長を務めていたが、体調を崩して38歳の時に退職した。万が一働けなくなった場合にも妻と4人の子どもたちが食べていけるようにと、以前、自身が開発した梅ドレッシングで開業しようと思い立った。工房とレシピを家族に引き継げば、彼らに生計を立てるすべを残すことができると考えたからである。

　材料に使う梅を調達する和歌山県みなべ町に移住しようと場所を探していたときに、龍神村のことを知り訪れた。村には、行政が運営する国際芸術村アートセンターがあった。当時、村を訪れ芸術活動をする人たちに無償で貸し出していた。竹内さんは、そこに仮滞在しながら地元の居酒屋に通い、村の住民と交流した。仲良くなった人に紹介された空き地を手に入れ、妻と整地してドレッシング工房を建てた。

　自宅の近くの工房でつくり始めた梅ドレッシングは大手デパートの目に留まり、すぐに人気商品となった。ドレッシングは梅干しを塩抜きして使い、添加物は一切入れない。最初は、みなべ町から仕入れていたが、今は村の梅干しを使っている。地元の祭りに出店し

171

梅樹庵の前で出迎えてくれる竹内雅一さんと妻の恵美子さん

　たときに知り合った人が漬けているものである。村やその周辺には、ユズやクリ、サトイモなど豊富な食材があり、それらを使ったジャムもつくるようになった。忙しくなりすぎたため、竹内さんは1日のドレッシングの生産量を150本と決めて、それ以上の注文は翌日以降に回すことにした。体調はすっかり良くなった。

　事業はスムーズに軌道に乗った。同時に、竹内さんは村のコミュニティに溶け込むために、積極的に地域の活動に参加した。村には古くから受け継がれるさまざまな慣習がある。特徴的なものの一つが「葬式ごしらえ」である。誰かが亡くなると、皆が集まってご遺体を納めた棺を装飾したり、葬列に加わる遺族の身に着けるものをこしらえたり、墓を掘ったりする。竹内さんは、母親の葬儀も村で執り行った。

　ほかにも、川掃除や草むしり、ごみ拾いといった地域の活動にも参加した。わからないことは、子どもたちが通う学校の親同士で話

をするなかで教えてもらった。こうした積み重ねが、当時珍しかったヨソモノに対する住民たちの心の壁を崩していった。「地域でつくりあげてきたものを会得しなければ、その土地の住民になれない」と竹内さんは考える。

　村での暮らしが落ち着いてきた1995年には、ドレッシング工房の横に古民家風のカフェをオープンした。当初は訪れる人にコーヒーを出していたが、「ケーキも食べたい」「食事も出したらどうか」「ベジタリアン向けの食事をつくってほしい」といった要望に応じているうちに、おいしいカフェとして村の外の人からも知られるようになっていった。今では、冬の時期になるとジビエを使ったフレンチのコースも提供している。

地域の課題に向き合う人材を育てる

　竹内さんは、後に続く移住者、移住創業者たちにとって開拓者のような存在にもなった。今では、大半の住民が村に移住する人やその事業に対して理解を示し協力してくれる。2016年に村に移住して食品加工店を創業し、現在はゲストハウスも運営する金丸知弘さんも、村の人たちにすんなりと受け入れられたのは、竹内さんのこれまでの道のりがあってこそのことだと話す。

CONSERVA／小家御殿　金丸知弘さん

　イタリアに留学して料理を勉強した金丸さんは、実家がある東京でイタリアンレストランに就職した。幼少期を鹿児島県の徳之島で過ごした経験から地方で暮らしたいと考えており、移住相談のセミナーに参加した。

　そこで、龍神村に移住して映像制作の仕事をしている男性と出会

金丸知弘さんは移住前に入念に下調べをした

う。話を聞き村に魅力を感じた金丸さんは、男性に村での家賃や光
熱費、ガソリン代などの生活に必要なコストについて細かく教えて
もらった。交通事情も調べた。大阪へは車で2、3時間、東京へは南
紀白浜空港から飛行機で1時間ほどあれば行ける。道路網が整備さ
れて田辺市内へは車で40分ほどで行けるようになっていたし、通信
販売も使えるので買い物に不便はない。娘を通わせる学校の場所
も確認し、移住しても家族3人が不自由なく暮らせるとの結論に
至った。

　移住後は、料理の腕を生かしてジャムなどの瓶詰めをつくって販
売しようと計画した。村は温暖でさまざまな果物が栽培されてい
る。日本三美人の湯の一つで、1300年前に弘法大師が開いたと伝え
られる龍神温泉があり、観光客に向けた土産品の需要が見込める。
瓶詰めは常温で保存できるので、旅館や店に置いてもらいやすい
し、在庫管理にも適している。村が主催する現地の見学ツアーに参

加し、飲食店を営む人に材料の仕入れルートや仕入れ相場を聞くなどして、採算がとれるかも確認した。

　村に移住し創作活動を行う人に市が貸し出すアトリエ龍神の家に空きが出て入居契約ができたことや、県が交付する若者向けの移住補助金も後押しとなった。2016年4月に家族と移り住み、12月には住居の1階で食品加工・販売店「CONSERVA」を創業した。十分に検討したうえでの移住創業だったから不安はなかった。

　もう一つ、金丸さんが活用したものが、田辺市が主催する「たなべ未来創造塾」である。2005年、村は田辺市、中辺路町、大塔村、本宮町と合併して田辺市龍神村となっていた。ちなみに、合併で新しい市が生まれると行政組織としての村は消滅するのだが、住所表記として龍神村の名称は残された。2014年、市は地方創生に取り組む専任部署として、たなべ営業室を設置し、その2年後に創造塾を開始した。2015年当時の市の人口は7万4,770人で、30年前の8万8,263人から15％以上減っている。少子高齢化が進むなかで、「地域を良くし、かつ地元企業が利益を得られるような」事業を立ち上げる人材を育成しようという趣旨で始められた。

　開講に当たり、企画から携わった富山大学地域連携推進機構のほか、地元の金融機関や商工関係団体など産学官金が連携してサポートする体制を整えた。プログラムは、経営の基礎知識の習得からケーススタディによる演習、ビジネスプランの構築と発表など、全14回で構成される。演習では、地域の課題や資源について有識者の話を聞きながら求められるビジネスを考え、話し合う。

　異業種の人材が刺激し合うことでアイデアが生まれやすくなるように、当初は市の担当者が地域のキーマンにヒアリングするなどし

て塾生の候補を探し、声をかけていった。塾生の中心は、地元で家業を継いだ30歳代の若手経営者である。ほかにも移住創業した人や、将来起業したいと考えている人が受講する。いずれも、新しいことにチャレンジして地元を盛り立てたいという意欲のある人たちである。一人ひとりにサポートが行き届くように、塾生は1期当たり12人ぐらいまでとしている。

　塾生は修了後も講座に参加できるため、期をまたいだ交流も盛んである。一緒にプロジェクトを立ち上げる人たちもいる。例えば、ある塾生は木材の食害対策を課題に取り上げた。林業従事者の減少による放置林の増加が原因でカミキリ虫が増殖し、食害を受けた木材の商品価値が落ちて林業関係者がますます疲弊するという悪循環が起きていた。デザイナーや家具店の後継者など、1・2期生数人が対策を話し合い始めた事業が、虫食い箇所を隠すのではなくデザインとして生かした家具の製作販売であった。

　金丸さんは、知り合いを通じて創造塾に誘われ1期生となった。塾に通うことで、移住してすぐに同世代の経営者仲間をつくることができたほか、顔が広がり、イベントのときのケータリングの仕事もCONSERVA として受けるようになった。さらに、移住前から計画していたゲストハウスを始める際には、空き家活用をテーマに取り組む2期生で、土地家屋調査士の男性からアドバイスをもらった。

　金丸さんが2019年に始めたゲストハウスは、平屋建ての民家を改修して一棟貸しの宿にしたものである。CONSERVA から車で1分ほどの場所にある。地名をとって「小家御殿」と名付けた。食事の提供などは一切行わないので、さほど手間はかからない。すぐ近くにある河原でバーベキューができ、コロナ禍には密を避けて遊べる

金丸さんは創造塾の仲間の協力を得てゲストハウスを開業

とファミリー層の予約が相次いだ。CONSERVA と小家御殿、二つ
の事業を並行させることで、新型ウイルスの影響を抑えることが
できた。

地域の素材にこだわる

菓子工房 HOCCO　榎本大志さん、恵さん

　創造塾は2020年に5期目を迎え、村からもこれまでに5人が入塾
している。さいたま市から移住して「菓子工房 HOCCO」を営む
榎本大志さんもその一人である。健康のために空気のきれいな場所
で暮らそうと、妻の恵さんと村に移り住み、2020年に店を構えた。
村では初めてのケーキ店であり、また、住まいの手配や移住の手続
きを担当してくれた市の職員が近隣の住民に話をしてくれたこと
もあって、二人の店は開店前から地元の人たちに歓迎された。ある
旅館のスタッフからは、宿泊客の誕生日に用意するケーキを村の外

村の山あいで始めた菓子工房 HOCCO

まで買いに行かなくてよくなったと喜ばれた。

　菓子をつくるのは恵さんである。洋菓子店でパティシエとして勤務した後、自身の闘病経験を生かして、埼玉の自宅で主に腎臓病や糖尿病患者向けの低たんぱくのケーキやクッキーを通信販売していた。移住後は、低たんぱくスイーツの通信販売を続けつつ、カフェを併設した店頭で一般向けの菓子を販売する。

　一方の大志さんは、埼玉の建設会社を45歳で退職する。菓子づくりとは無縁だったから、移住後はもっぱら店の経営戦略を担当している。開業に当たっては、商工会の担当者に教えてもらいながら、県や市の補助金を申請し、開業届を作成した。村の外からの来客数を増やす方法を模索するなかで、市役所から創造塾のことを教えられて参加した。創造塾では、農園の若手経営者や市の中心部でベーカリーを始めた女性など、さまざまな分野で活躍する人たちと交流した。傷がついて販売できなくなった果物を引き受けて菓子の材

料にしたり、互いの商品を店頭に置いたりと、商品のラインアップの増加や販路の開拓につなげることができた。

　地元の食材を使った商品開発にも積極的に取り組む。村の養鶏場で育てられた「龍神コッコ」の卵を使ったプリンは、地方紙でも紹介される評判の一品である。村で採れた木の実や果物を使った焼き菓子をつくり、特産品として販売することも計画している。工房を増築し、いずれはスタッフを雇いたいと考えている。榎本さん夫妻のスイーツを中心に小さな経済循環が起きている。

地元を好きになる

　村に移住して創業する人は少しずつ増えている。美容師、デザイナー、木彫刻師など業種もさまざまである。彼らの多くは地域の活動に参加することに積極的で、住民たちも刺激を受けている。町おこしのために日々奔走している村出身の小川さださんも、そうした一人である。梅樹庵の竹内さんとの出会いがなければ「村のことを大嫌いなままだった」と振り返る。

龍神はーと　小川さださん

　小川さんは、大阪で結婚して子育てをしていたが、兼業農家を営む両親に頼まれて家族で村に戻った。幼い頃からピアノ教室もない村のことが恥ずかしく、Uターンしてからも地元には何もないとこぼすばかりだった。しかし、同じころに村にやってきた竹内さんから、村の美しい自然は誇るべき宝だと力説されるうちに、地元のことをこれまでとは違う視点で見るようになっていた。

　竹内さんは、小川さんのように地元の魅力に気づいていない住民たちの意識を変えたいと考えていた。大人が村のことを好きになら

なければ、その子どもが村を好きになるはずがない。出て行った子どもたちもふるさとを面白い、帰りたいと思えるように、まず大人が村を楽しもう。そう呼びかけて、「龍神風土's研究会」を立ち上げた。風土とフーズを掛け合わせた名前のとおり、村の風習や料理の起源を調べるサークルのような集まりだった。

　例えば、村には祝いの席で食べられる押し寿司がある。調べてみると、奈良県十津川村に隣接した北側の地域ではサンマが、南側、西側にいくとサバやカマスがよく使われていた。十津川村の郷土料理、サンマ寿司が伝わり、それが南下するにつれて紀伊水道で捕れる魚に変わっていったと考えられた。雑煮も、場所によって白みそだったりすましだったり、丸餅と角餅で分かれるなど、村に長く暮らす人でも知らないことが多かった。調べた結果はポスターにまとめて、地元で毎年開かれる祭りで発表した。研究会には、多いときは小学生からお年寄りまで90人以上が参加し、皆で真剣に遊んだ。

　小川さんは、研究会を通じて村の歴史や伝統、風景に愛着をもつようになっていた。村の魅力を子どもや村の外の人たちにも伝え残したい。竹内さんに背中を押され、2002年、村の女性たちと「龍神はーと」を結成する。最初は、休みの日に路上にテーブルを出して、畑で育てた野菜やそれらの加工品などを観光客向けに販売していた。評判は上々で、5年後には常設店を構えた。現在、30人ほどが一緒に活動している。

　人気の商品は村に伝わる柚べしである。以前は30軒ほどが生産していたが、現在手がけるのは龍神はーとのみである。手づくりしたみそを1年間寝かせた後、半分に切り果肉をくり抜いたユズに詰める。手間がかかるが、廃れさせてはいけないという思いでつくり続

けている。ほかにも、村に自生するクロモジを使った化粧水や、村で栽培した山椒やゴマを使った商品など、有識者のアドバイスも受けながらラインアップを広げている。

　こうした活動が行政の目に留まり、龍神岳と護摩壇山を望む標高1,306メートルのごまさんスカイタワーの運営を任されるなど、今や小川さんは大忙しである。数年前には息子の直さんが活動に加わった。龍神一ーとで働きたいと村にやってきた女性もいる。村の魅力は次世代に少しずつ、だが着実に浸透している。

地域のために自発的に動く

　龍神風土's研究会は村の合併を機に休会し、メンバーの一部がNPO法人ええとこねっと龍神村として活動している。市の中心部から離れた村だから、合併後は行政の目が行き届きにくくなるだろう。行政に頼るだけではなく、村の課題に自分事として向き合う体制をつくらなければならない。そんな思いで、竹内さんや村役場を退職した後藤昇さんが中心となって運営している。

　活動の一つに休耕地の活用がある。村では兼業農家が多かったが、高齢化に伴い耕作をやめる人が増えていた。畑を放置したままにすると、雑草が生い茂りイノシシなどがすみついて民家を襲う危険も増す。そこで、休耕地を整地してそばの種をまいた。活動を知った住民から次々に依頼があり、そば畑は増えていった。2018年には、閉園した保育園を改修して「そばと農園　和わく」をオープン。栽培したそばを製粉して打った龍神そばを提供する。そばの花が咲く10月には「蕎麦の花祭り」を開催して、後藤さんたちが自ら地元の川で捕れたアユやシイタケを焼いて出す。

181

休耕地に植えたそばを収穫

　このシイタケも村で育てられたものである。特産品をつくろう
と、地元の建設会社㈱伊藤組の3代目である伊藤研治さんが、2008年
に知人と廃校を活用して栽培を始めた。校庭には20基のハウスが
並び、繁忙期は地元の主婦たちが作業に専念する。肉厚で大きな
「龍神マッシュ」は進物用としても重宝されている。

　伊藤さんが現在会長を務める㈱伊藤組は特殊土木工事を得意と
し、西日本各地へ赴いて仕事を請け負う。よその地域を通して村の
景観を見つめ直すと、道路の斜面に投げ捨てられた空き缶などのご
みが気になるようになった。伊藤さんは従業員に声をかけて、村の
清掃活動を始めた。それから30年以上活動を続けるなかで、自身や
従業員の村への愛着は強くなったと実感する。

　村への思いが原動力となり、龍神マッシュの商品化につながっ
た。2018年には「龍の里づくり委員会」を発足させた。住民や移住
者が集まり、村の資源を生かした町おこしの策を話し合う。伊藤さん

廃校舎の校庭で龍神マッシュを栽培

は、移住者による外からの視点を尊重する。現在進行中の「幻の熊野古道～奥辺路プロジェクト」も、村に移住した山林インストラクターの提案で始まった。高野山から熊野大社へ続く道だったと言い伝えられる未舗装の山道を、トレッキングコースにするために整備している。

　経営者としての視点も忘れない。これまでも住民の発案でいろいろな会が発足していたが、予算が続かずに解消していた。熱い思いだけで町おこしはできないと考える伊藤さんは、委員会とは別に㈱龍神村を組織した。委員会で出たアイデアを、利益を生むかたちで実行して村に還元し、持続させるための部隊である。主に、移住者を含む60歳前後の経営者層で構成する。

　2020年には、委員会の主催で「龍の造形大賞」を立ち上げた。村の名前にかけて龍のフィギュアを全国から募集し、村の知名度を上げようというものである。㈱龍神村は、大阪のフィギュア制作会社

の協力を取りつけたほか、役場にかけあって県知事賞や市長賞を設けた。第1回は137点もの作品が応募された。

　行政や住民、移住者によってさまざまな活動が多層的に起きているが、皆思いは同じである。地域のことが好きだからこそ、何かをしたいという原動力が生まれ、困難を乗り越える力もつく。ええとこねっと龍神村では今、立ち上げ当初からのメンバーである後藤さんが中心となって、有償運送事業の実現に向けて準備を進めている。路線バスは本数が少なく、一方で運転免許証を返納するお年寄りが増えている。将来の自分たちの移動手段を確保するためにも、今取り組みを始めなければ間に合わない。

　運転手は地元で募る。村に移住したイラストレーターで、ええとこねっと龍神村でも活動している女性が、マスコット「あしがるりゅうちゃん」をつくり、送迎の際はそのステッカーを各自の車に貼る予定である。メンバーの確保や運転前のアルコールチェックなどクリアすべき課題は多いが、計画を説明する後藤さんの目はいきいきと輝いていた。次世代に誇りをもってたすきをつなげるように一人ひとりが自ら動くことで、地域は形づくられていくのだと教えられた。

（桑本）

事例7

島おこしの橋を架ける

山口県周防大島町

島に向かってのびる大島大橋

＜地域概要＞山口県周防大島町

人　口	1990年：27,119人（うち65歳以上の比率：33.2％） 2020年：14,798人（うち65歳以上の比率：54.5％）
面　積	138.1平方キロメートル
東京からのアクセス例	羽田空港 ✈ （約90分）〜岩国錦帯橋空港 🚍 （約10分）〜 JR 岩国駅 🚃 （約25分）〜JR 大畠駅 🚌 （約20分）〜周防大島

地域資源を発信

　瀬戸内海の西に浮かぶ山口県周防大島町は、「瀬戸内のハワイ」とも呼ばれる。明治時代に政府の方針で島からハワイへ出稼ぎに出た人たちが異国の文化を持ち帰ったことから、いつしかこの名がついた。1963年にはハワイ州カウアイ島と姉妹島提携を結んだほか、毎年夏には全国から100チーム以上が参加するフラダンスのイベントを開催する。温暖な気候に穏やかな波、白い砂浜と真っ青な海のコントラストが人気の観光地である。

　1976年、島と本土を結ぶ大島大橋が架けられた。車で簡単に行き来できるようになり、観光客は増えた。一方で、県の中心部や広島県へアクセスしやすくなったことで、結婚や就職、大学進学を機に島を離れる若者が一層増えた。2020年の島の人口は1万4,798人で、30年前と比べると45.4%減少している。島は2004年に構成する久賀町、大島町、東和町、橘町が合併して周防大島町となっており、1990年当時の4町の人口は合わせて2万7,119人であった。高齢化も著しく、65歳以上の人口割合が日本一になったこともある。シャッターを下ろす店も増えていった。島の商工会によれば、小規模事業者数は2011年から2020年の間に3割以上も減少したという。ただ、こうしたなか再び橋を渡って島に戻って来る若者や、新たに島で暮らし始める人たちもいる。

㈱オイシーフーズ　代表取締役 新村一成さん

　新村一成さんは、町の群島の一つ、浮島の出身である。浮島沿岸はカタクチイワシの好漁場で、5軒ある網元の一つである実家は、イリコの製造販売も手がけている。新村さんは、専門学校への入学

を機に広島市へ移り、そのまま就職した。結婚して島に戻ったのは
26歳のときで、親戚の経営する水産加工会社で働き始めた。

　新村さんは、幼い頃から自然に左右される漁師の仕事を見て、島
の漁業の厳しさを感じていた。例えば、成長して脂の乗りすぎたカ
タクチイワシは、イリコとして使えず儲けにならない。大きいイワ
シばかり水揚げされるときは漁を休むしかなかった。さらに、洋食
化によるイリコ離れが追い打ちをかける。何とかできないものかと
もやもやした思いを抱えていた。

　あるとき、息子の同級生の父親と知り合う。その男性は、島に移
住して地元の果物を使ったジャムをつくり、販売していた。新村さん
の話を聞いて、脂の乗ったイワシならばオイルサーディンに向い
ているのではないかと教えてくれた。

　耳にしたことのない料理だったが、新村さんはインターネットで
検索してつくってみた。食べると非常においしい。さっそく、広島
市内で料理人として働く兄に協力を仰ぎ、半年かけてオイルサー
ディンのレシピを開発した。商品化するためには、煮崩れを防いだ
り味を均一にしたりする必要がある。漁師の弟にもアドバイスをも
らいながら、試作を重ねた。

　商品のターゲットは都会に住む人たちにした。良いものであれば
多少値段が高くても売れると、オイルサーディンを教えてくれた男
性に指摘されたからである。化学調味料や保存料は一切使わず、使
用するオリーブオイルも吟味した。加工はすべて手作業である。オ
イルサーディンを入れる瓶のラベルは、東京でデザイナーをしてい
る叔父に依頼した。両親も、イリコの加工に使っていた調理台を貸
すなどして協力してくれた。

新村一成さんと土産物売り場に並ぶオイルサーディン

　2012年に㈱オイシーフーズを起業してオイルサーディンの販売を
始めると、すぐに人気に火がついた。東京都内の百貨店に置くほ
か、インターネットでの販売も行う。道の駅やホテルなどの島内の
観光施設にも土産品として並べる。2013年には工場を新築した。

　うまくいくはずがないと反対していた地元の漁師たちも、考えを
変えるようになった。売れないからと廃棄していた魚を手に、「こ
れは使えるか」と聞きに来る人もいる。「浮島あかもく」はそうして
生まれた商品である。海藻のアカモクは、漁船のスクリューや漁網に絡
む厄介者であったが、実は栄養価が高く食用にしている地域も
あることを知り、商品化に至った。健康食として地元の食卓に並ぶ。

　もう一つ、地元の人たちに人気の商品が、ヒジキを乾燥させ味付
けした「ひじっ好」と、それにイリコを加えた「ひじっ好いりこ」
である。当時、新村さんは色が悪く商品からはじかれてしまうヒジ
キの活用法を考えていた。目をつけたのが、新村さんが子どもの頃

作業は今もすべて手作業

から島で売られていたひじっ好だった。経営者が高齢となり販売を
やめていたが、惜しむ声が多かった。

　自分の会社で引き継いで、ヒジキを無駄なく活用したい。新村さん
は元経営者の家へ足を運び、レシピを譲ってほしいと頼み込んだ。
親戚がその元経営者の近所に住んでいたことから信頼を得ることが
でき、快くつくり方を教えてもらった。すでにほかの人の手に渡って
いた乾燥用の機械も譲り受けることができた。島の人たち、なかでも
ヒジキやイリコ離れが進む子どもたちに食べてもらいたいと考え、
出荷先は地元のスーパーをメインとし、販売価格も抑えた。手軽に
食べられて体にも良いと、今では中国地区の生協でも扱われている。

　新村さんと叔母の2人だった従業者は6人に増えた。島の恵みを余
すところなく、たくさんの人に食べてもらう。それが島に興味をも
つ人を増やし、島で働く漁師たちの生活を豊かにすることにもつな
がる。その思いで島の「オイシー」を発信し続ける。

ありのままを見せる

　新村さんのところへは、島で創業したいと考える人が、経営のノウハウを尋ねに来ることがある。新村さんは、必要な設備や賞味期限の設定の仕方などを丁寧に教えている。島では、相談を受けた移住創業の希望者に、新村さんのような先輩起業家を紹介している。

　島は2012年以降、移住促進や空き家対策に取り組んでいる。その一環で企画したのが、お試し暮らしツアーである。それまでも、温暖で景色も良いことから移住希望者は少なくなかったが、なかには島の良い面ばかりを見ていたために移住しても居つかなかった人や、島の生活になじめずに住民との間でトラブルを起こしてしまう人もいた。こうしたミスマッチを減らすために、移住希望者に1泊してもらって島での暮らしをよくイメージしてもらう機会を用意したのである。

　ツアーは年3回実施する。参加者には、観光スポットではなくスーパーや病院を案内する。下りたシャッターが目立つ商店街も包み隠さず見てもらう。地元の住民と話す場を設け、ごみ拾いなどの役割分担についても説明する。子育て時期の人には同年代の家族を、島で店を開きたいと考えている人には島の経営者を紹介するなど、移住の目的に応じて島民を引き合わせる。つながりをつくり、ツアー参加後も当事者間で意見交換や相談ができるようにする。

　ほかにも、島の古民家に数週間仮滞在できる制度や、オンラインの移住相談所も用意している。また、移住後の生活設計を、事前にファイナンシャルプランナーに相談できる無料窓口も設けた[1]。窓口

1　2021年度で終了。現在は、町の空家定住対策課で相談を受け付けている。

移住の相談に応じる泉谷勝敏さん

に立つ泉谷勝敏さんは大阪府堺市の出身で、2007年に妻の実家があ
る島にやって来た。移住後は広島市内の企業に通勤していたが、
2年後にファイナンシャルプランナーとして独立開業、2011年に当
時の町長に声をかけられ、島の移住促進にかかわるようになった。

　泉谷さんが島に移り住んだのは31歳のときである。まだ数が少な
かった同世代の移住者とは自然と話をするようになった。彼らは島
の将来について真剣に考えていた。家族と過ごす時間を増やすため
に移住した泉谷さんも、島おこしを意識するようになる。当時、大
阪から島に移住した泉谷さんのことを、「都落ち」と陰で言う地元
の人たちもいた。それは、住民自身が島での生活を前向きにとらえ
られていないからにほかならない。住民の意識を変えるためには、
島の経済を活性化させる人を増やす必要がある。

　だから、移住希望者の相談に応じる際には必ず、必要収入を得る
手段を確保しているかを確認する。島には雇用の場が少ない。無計

画に移住しても生活を続けられず、周囲に迷惑がかかる。起業したいという人に対しても、事業計画を詳しく聞き、時には考え直すように厳しく言う。無計画に移住し創業しても、うまくいかずに地域を疲弊させるだけだと考えるからである。

　都心のホテルで長く勤務していた男性が島でゲストハウスを経営したいと相談に訪れたときは、まず経験を生かして島内のホテルに就職し、その間に島の資源や観光客の数、物価などを検討して、幼い子どもと妻を養えるだけの売り上げを確保できる具体的な事業計画を練るように勧めた。移住してケーキ店を開く夢を語る女性には、開業に必要な設備やエリアごとの世帯数を示して、少ない住民を相手に売り上げを確保して初期費用を回収するためにはどうすればよいか、よく考えるように諭した。

　そのうえで、移住創業を真剣に考えている人たちにはサポートを惜しまない。島の人口は少ないが、山口市や広島市も商圏と考えれば事業の可能性は一気に広がる。橋の向こう側の消費者にどのようにアプローチしていくか、自分が独立開業したときの経験も参考にしながらアドバイスをする。泉谷さんが事業を始めるとき、島で出会った友人たちが手を貸してくれた。今度は自分が、後に続く人たちに手を差し伸べる番だと話す。

起業家を育てる

　大野圭司さんは、泉谷さんを導いた一人である。大学進学のために大阪へ移り、大阪と東京での会社勤めを経て、2004年に出身地である島へ戻った。しばらくして、島の食材や景観を生かした事業を始める若い世代を見かけるようになった。彼らのような起業を応

193

リモートで起業について講義する大野圭司さん

援したい。かねて地方創生のコーディネート役になりたいと考えて
いた大野さんは、実家の土木建設会社でアルバイトをしながら、島
の起業家を紹介するフリーペーパー「島スタイル」を創刊した。

　A4サイズ4ページの島スタイルに載せる情報はすべて、大野さん
が取材したものである。勤務時代のウェブデザインの経験を生かし
て、編集も一人で行った。島の外にも配布すれば多くの客を呼び込
むツールになるし、若者が起業を考えるきっかけにもなると考え
た。そして、もう一つねらいがあった。大野さん自身が島おこしに
携わっていくためのベースづくりである。取材を通じて人脈を広
げ、島の起業家たちと新商品を企画したりイベントを開催したりし
た。県のローカルテレビや地方新聞で取り上げられるようになり、
大野さんの名は県外にまで知られていった。

　大野さんはさらにアクセルを踏み込む。起業家を養成するため
に、2008年に地域再生人材育成プロジェクト「島スクエア」を開

始した。島にある大島商船高等専門学校の教授と企画し、文部科学省から5年間の事業として運営資金を得ることができた。対象は社会人である。商工会や観光協会などと連携し、起業の基礎を身につけたり、地域資源を活用した商品の開発から事業展開までを学んだりする講座を開いた。島の外から通う受講生もいて、延べ191人が修了した。泉谷さんは島スクエアの1期生で、島でファイナンシャルプランナーとして起業するに当たり必要な人脈をここで得た。

　島スクエアを始めて3年目からは、島にある複数の中学校で「コミュニティ・スクール」の運営と、起業家教育などの地域連携教育を始めた。大野さんの中学時代の同級生のうち、島に残っている人は2割しかいない。勤め先が少ないからである。若者の半分が帰ってくるようにするためには、残りの3割は自分で事業を起こすしかない。それには早い段階から起業の種をまいておくことが大切である。教育委員会に何度も企画を持ち込んで実現にこぎつけた。

　スクールでは、島の起業家を招いて、起業までの道のりや事業に対する思いなどを率直に話してもらう。子どもたちは、彼らの情熱を通して起業の魅力を肌で感じる。別の授業では、島おこしのアイデアを考えプレゼンする。起業家と商品を開発して道の駅で販売する授業もある。島の課題や事業機会を認識するきっかけになる。

　2013年に㈱ジブンノオトとして法人成りし、山口市や広島県、岡山県にも起業家教育の場を広げている。また、教育事業と並行して行うのが、すでに起業した人たちに対する支援である。島の経営者には、小規模に事業を維持することで満足している人が少なくないという。大野さんは、彼らにステップアップを促し、呼びかけに応じた経営者たちを集めて年2回勉強会を開く。商工会の指導員に同

席してもらい、まず足元の経営状況を整理したうえで、翌年の目標を正確な収支計画に基づいて発表してもらう。現状を数字に表すことで経営の課題や伸びしろを可視化でき、目標を共有することで事業の道筋をより精緻に描ける。

パン工房ワンハート　嶋津朗暢さん

「パン工房ワンハート」を営む嶋津朗暢さんも、大野さんの勉強会に通っている。島育ちの嶋津さんは、高校卒業後に静岡にある調理の専門学校で学び、その後は大阪や福岡の飲食店でアルバイトをしていた。帰郷したのは20歳のときで、それから8年間、実家の鮮魚店を継いだ兄を手伝っていた。あるとき知り合ったパン屋の主人から、高齢で店をたたむつもりだと聞く。いつか飲食にまつわる仕事で独立したいと考えていた嶋津さんは、引き継がせてほしいと頼んだ。週1日の休日を利用して約1年間、深夜に車で男性の下に通い、材料の配合や発酵のタイミングを体で覚えた。そして、発酵用の機械やオーブンを譲り受け、2005年にワンハートを創業した。

店舗は、廃業した本屋を改装した。配管や電気工事は地元で建設会社を営む友人に頼んだ。機械は自分で何度も往復して運び、費用を抑えた。経営は、店の近くに学校やスーパーがあることも幸いして順調だった。しかし、5年ほどして近所にコンビニができると客足が減っていった。販売エリアを広げようと、実家に工房を移して移動販売に切り替えたが、パンの移動販売は島の外からやってくる業者がすでにあり、後発の嶋津さんが売り上げを伸ばすことはできなかった。無理がたたり、体を壊してしまう。

一人で早朝の焼く作業から接客販売、深夜の仕込みまでこなすのは難しい。嶋津さんは、製造に専念することにした。カフェからパン

の供給を請け負ったり、福祉施設に給食やおやつのパンを納入した
りした。実家のすぐ近くにある道の駅にも目をつけた。島で唯一の
道の駅で、多くの観光客が訪れる。島の名物になるパンをつくれ
ば、土産品として買ってもらえると考えた。

　こうして開発したパンの一つが、ハワイ風アンパン「ココパン」
である。ココナツと白あんを入れたパンで、ハワイで日系人がつ
くっていたものを伝え聞き、再現した。多くの島民がハワイ島へ出
稼ぎに行った歴史から着想を得て、1年かけて商品化を果たした。

　この商品化には、島の移住創業者をサポートする泉谷さんや大野
さんもかかわっている。例えば、ココパンのロゴは山口大学の学生
が提案した。大野さんからゲスト講師として大学に招かれたとき、
嶋津さんは開発中のココパンを披露して意見を募った。すると、学
生の一人がデザインを描いてくれたのである。泉谷さんは、ココパン
のブランディングを手伝った。島の歴史や嶋津さんの思いなど、コ
コパンができるまでの背景を文字に起こしてプロデュースした。

　泉谷さんや大野さんを軸にして、同世代の移住創業者とのつなが
りもできた。Iターンして事業を起こしている人たちは、嶋津さん
が当たり前のものと思っていた無農薬のみかんや天然の塩といった
島の資源を、商品の付加価値として生かしていた。また、彼らは売
り方を工夫することで、価格で勝負しなくても消費者に受け入れら
れていた。グルテンフリーや米粉パンといった嶋津さんの知らな
かった、最近のパン業界のトレンドも教えてくれた。

　嶋津さんは、パン生地の原料を見直した。小麦は山口県産にし
て、塩や水は島の天然のものを使う。酵母は島の無農薬小麦から自
家培養し、砂糖は外国産から鹿児島県産に切り替えた。マーガリン

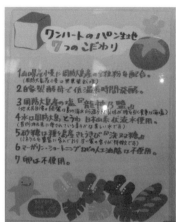

嶋津朗暢さんとパンへのこだわりを記した自作ポスター

などの人工油脂は使わず、アレルギーの人も食べられるように卵も使わない。ほかの移住創業者が商品を紹介するために発信するSNSやポップを参考に、見せ方も工夫した。販売価格は上がったが、島の食材を使っていることや体に良いことが評判となった。

　2018年、大島大橋の橋桁に外国の大型船舶が接触する事故が起きた。橋を通る光ファイバーと水道管が切断され、島は40日間断水、物流も制限された。観光客も入ってこられなくなった。嶋津さんは改めて、島の外だけでなく、中で暮らす人たちにも目を向けた商売を心がけた。島内の郵便局4局にパンを置き、近所の住民が買えるようにした。今、売り上げの1割は郵便局でのものである。

　仕入れも極力地元で行い、島の中でお金が巡ることを意識している。あるとき、地元の農家が米粉をパンに使えないかと持ち込んできた。パンに適した米とは種類が違うが、嶋津さんは周南市にある米粉パンの教室に通い、こつを学んだ。配合や温度調整を試行錯誤

し、商品化にこぎつけた。大野さんによるコーディネートの下、「comecoro」として通信販売もしている。

　嶋津さんは、製造に専念することで商品開発に時間をかけられるようになり、パンのラインアップは譲り受けたメニューから嶋津さん独自のものにシフトしていった。地元の多くの人とつながり、アドバイスを得ながら、自分のやりたいことを考え形にしていくことができた。事業を続ける自信にもつながったという。

起業の島 周防大島

　嶋津さんや㈱オイシーフーズの新村さんのような移住創業者の活動は、島の外からも注目されるようになった。移住促進に携わる泉谷さんは、「起業の島」として認知度を上げようと、2015年から「起業の島のプランコンペ」を開催した。応募者に島での事業計画をプレゼンしてもらい、審査する。審査員は観光協会長と商工会長のほか山口銀行と西京銀行の担当者が就き、事業性をプロの目で評価する。優勝賞金は50万円で、優勝できなくても事業性が認められれば、道の駅にあるチャレンジショップを月1万円で利用できる。これまでに、カンボジア料理店やゲストハウスなどが島で開業している。

はた織り倶楽部 糸をかし　長谷川樹子さん

　長谷川樹子さんは、2016年のコンペ優勝者である。埼玉県の出身で、東京や神奈川で演劇や司会の仕事をしていた。島は父親の生まれ故郷である。両親は定年後に島に戻り、その十数年後に父親は逝去、母親が一人で暮らしていた。長谷川さんは、高齢の母親のことが気がかりで、2015年に島に移住した。物や情報にあふれた都会での暮らしに疲れ始めていたことが背中を押した。

機織り機にセットした縦糸に一本一本横糸を通していく

　移住後は町の出張所でアルバイトをしていたが、何か新しいこと
に挑戦したいと常々考えていた。島の内外を巡ってさまざまなも
のを見て回り、柳井縞と出会う。山口県柳井市を反物の集積地とし
た周防織物（柳井縞）は、藍染めした木綿を使った縦じまが特徴の
織物である。庶民の着物として江戸時代には中国・九州地方を中心
に流通していたが、産業の近代化に伴い大正時代に姿を消していた。
それを柳井縞の会が復活させ、体験教室を開いていたのである。

　縦糸に横糸を通す作業を繰り返すうちに、長谷川さんは雑念が洗
い落とされていくような心地がした。機織りに魅了され、半年間教
室に通って勉強した。調べると、かつて島を含む近隣地域でも、木
綿を織って柳井市に納めていたことがわかった。島の民族資料館に
は当時の機織り機が何台も保存されており、まだ動かせるものもあっ
た。機織りは島の女性たちの重要な収入源になっていたのである。

　昔の道具をもう一度動かして、機織りを島の手仕事として伝えて

いきたい。そのためには、道具や場所を借りる資金が必要である。そんなときに知ったのが、起業の島のプランコンペだった。文化伝承と体験教室、小物や洋服などの商品開発と販売を収益の柱にした計画書を作成し、見事優勝した。明治初期に建築され、現在は町指定の重要文化財で農村交流伝承館である「服部屋敷」を拠点に、町から機織り機を5台借り受けて活動を始めた。

　並行して、綿花づくりにも挑戦した。島の特産品をつくるならば、原料の綿花から島でつくりたいと考えたからである。プランコンペと前後して島の集落支援員に就任していた長谷川さんは、耕作放棄地で綿花を育てることを計画した。荒れた畑の竹や雑草を刈り、作物が育つように深く耕した。山の斜面に沿った段々畑を一つ一つ整地していくには時間も体力も要る。秋、コットンボールがはじけていよいよ始まる綿花の収穫は、不慣れな農作業が報われるとき。祈りのような喜びである。

　2018年、長谷川さんは機織りと綿花栽培に興味をもつ女性たちと「はた織り倶楽部　糸をかし」を結成した。火曜日と金曜日を活動日として、仕事や家事の合間に参加できる人が集まる。15年前に移住した林博子さんは、今では糸紡ぎの名手である。収穫した綿を糸車を回して糸にする。「糸繰り三年、機三月」といわれるように、均一な太さで細く長く糸を繰り出すのは非常に難しいが、それだけにやりがいもひとしおだという。以前から糸紡ぎに興味があった河本昌子さんは、着物の仕立てをなりわいとする。島で暮らして久しいが、長谷川さんに会うまで島の機織りの歴史は知らなかった。町内のボランティアで長谷川さんと知り合った石原真奈美さんは、廃棄されるものを素材にしたエシカルハンドメイドに関心があった。

商品について話し合うメンバー（奥中央が長谷川さん）

着なくなった衣類などの布を細く裂いて織る裂き織りで、デザイン
豊かなものを織り上げる。

　コロナ禍となり、当初ねらっていたインバウンド需要はしばらく
望めない。今は洋服やネクタイ、ブックカバーなどをオーダーメー
ドでつくる。機織り体験教室も少人数で開催し、花瓶敷きやランチョン
マットをつくって好評を得ている。参加者には島の外の人も多い。

　長谷川さんは、機織りを通して人の集まる場をつくり上げた。新村
さんや嶋津さんも、事業を通じて地域資源や地元の人たちの仕事を
島の外まで発信している。泉谷さんや大野さんは、島の起業家を応援
し、彼らが高め合う要になっている。大野さんは、島に起業家
教育専門の町立大学をつくる計画も構想中である。皆がそれぞれの
やり方で、島の未来をつなぐ架け橋になっている。　　　　　（桑本）

事例8

世界から注目される
住民主導の町づくり

徳島県神山町

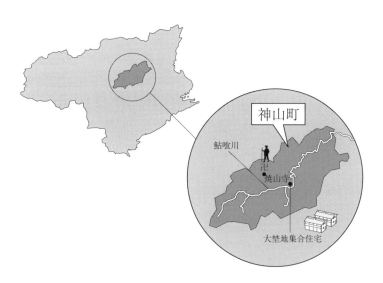

山に囲まれた神山町の一集落

＜地域概要＞徳島県神山町

人　口	1990年：　9,468人（うち65歳以上の比率：24.6％） 2020年：　4,647人（うち65歳以上の比率：54.3％）
面　積	173.3平方キロメートル
東京からのアクセス例	羽田空港 ✈（約50分）〜徳島阿波おどり空港 🚌（約30分）〜 JR 徳島駅 🚌（約65分）〜神山町

神山町を味わうクラフトビール

KAMIYAMA BEER PROJECT ㈲

スウィーニー・マヌスさん、あべさやかさん

　2018年夏、人口5,000人の小さな町の山あいに、クラフトビールの醸造所「KAMIYAMA BEER PROJECT」が誕生した。場所は徳島県神山町。面積の8割以上を山々が占め、中央を鮎喰川が横断する自然豊かな町だ。醸造所を開いたのは、オランダから移住したスウィーニー・マヌスさんと妻のあべさやかさんである。

　町の在来種の小麦を使った「SHIWASHIWA ALE」や、神山イチジクを燻製した大麦麦芽に合わせた「CINDERELLA」、町での生産量が日本一を誇るスダチをアクセントに加えた「DAYDREAMER」、町で育った完熟梅を使った「YAMAYAMA KURUKURU」など、地元の素材を生かしたビールが中心である。小さなタンクでマヌスさんが一種類ずつ手作業で醸造する。ボトルのラベルは、アーティストとしても活動するあべさんがフレーバーごとにデザインしている。

　約10種類、年間で9,000リットルほど醸造しており、町内の飲食店や土産物店に卸すほか、土日は醸造所横の店舗で直販もしている。さらに、年に数回、オランダ語でワクワクする市場という意味の「Wonder Markt」を醸造所前の広場で開催している。町内の飲食店などに声をかけて屋台を出し、クラフトビールと一緒に楽しんでもらうイベントである。町内外から毎回300人ほどの人が訪れるという。口コミが広がり、全国に向けたインターネット販売も伸びている。

スウィーニー・マヌスさんとあべさやかさん夫妻

　町の新たな名産をつくったマヌスさん・あべさん夫妻だが、最初から醸造所を開くつもりでやってきたわけではない。マヌスさんはアイルランド、あべさんは三重県四日市市の出身で、オランダのアムステルダムで知り合い結婚した。マヌスさんは21歳のときにアムステルダムへ移り、フリーランスで映像制作の仕事をしていた。一方のあべさんは、立体造形を学ぶために留学したアムステルダムを拠点に、芸術家として活動していた。

　町とはゆかりのなかった二人がこの土地を訪れたのは、「神山アーティスト・イン・レジデンス」に参加するためだった。町の選考を通過したアーティストが長期滞在して芸術作品を制作、展示するこのイベントのことを、仕事でアムステルダムを訪れていた日本人学芸員があべさんに教えてくれた。なぜ、四国の山あいで、海外からも注目されるイベントが開催されるようになったのか。それを知るためには、1991年までさかのぼる必要がある。

世界中からアーティストが訪れる町

　始まりは、町の建設会社社長の大南信也さんが、PTA を務める地元の神領小学校で古い人形を見かけたことだった[1]。その女の子の人形は、1927年に、悪化する日米関係を憂えた親日家の呼びかけに賛同した米国の人たちが、日本中の小学校や幼稚園に贈ったものの一つであった。多くは戦時下で消失していたが、神領小学校に贈られたものは無事に残り、いつも廊下の棚の中に飾られていた。添えられているカードから、人形の名前はアリスであること、贈り主はペンシルベニア州ウィルキンスバーグ市の女性であることがわかった。

　以前から地元の住民が皆で楽しめるようなイベントをしたいと考えていた大南さんは、アリスを贈り主の元へ里帰りさせようと思いつく。カードに記された住所の市長に手紙を書き、女性は他界していること、親族が同市で暮らしていることをつかんだ。そして、1991年、地元の仲間3人に声をかけて「アリス里帰り推進委員会」を立ち上げる。小中高校生を含めた30人の訪問団を結成し渡米、ウィルキンスバーグ市も歓迎してくれ、アリスを介した国際交流は大成功を収めた。

　気を良くした大南さんたちは、海外との交流を継続したいと、翌年、「神山町国際交流協会」を立ち上げた。小中学校や高校の英語の授業を補佐する外国語指導助手の研修を受け入れることにしたのである。海外を頻繁に訪れるのは難しいが、海外から定期的に来てもらう仕組みをつくれば、地元住民と海外の人たちとの交流が自然

1　アリス里帰りプロジェクトについては、神田（2018）を参考にした。

訪問団を結成しアリスを里帰りさせた

に生まれるようになる。

　1997年、徳島県の長期計画の一つとして、町に「とくしま国際文化村」をつくるプロジェクトが持ち上がる。これまでの取り組みが評価されてのことだった。これを知った大南さんたちは、地域になじむ国際文化村にしたいと、自分たちで練った計画を町と県に提案する。これが受け入れられて始まったのが、マヌスさん・あべさん夫妻が町を訪れるきっかけとなった、神山アーティスト・イン・レジデンスだったのである。補助金を得て1999年に第1回を開催、2004年には大南さんが代表となって立ち上げたNPO法人グリーンバレーに、レジデンスの事業を移行した。

　レジデンスの大まかな流れはこうである。まず、世界中のアーティストから町で創作活動をしたい人を募る。応募者のなかから住民が興味をもったアーティストを3〜5人招待し、8月から約2カ月、町が所有する教員住宅などに住み込んで自由に創作活動を行っても

海外のアーティストの創作活動に住民が協力

　らう。創作のテーマもジャンルも問わない。必要なら、町にある廃材や空き家も使ってもらう。請われれば住民も制作に参加する。例えばあべさんの作品の一つは、出会った町の人たちに梅干しを食べてもらい、口に入れた瞬間の表情を撮影したものであった。毎年2カ月の間、国内外から訪れた人たちが町を歩き回り、住民たちも制作に参加することで、地元の人たちの「ヨソモノ」に対する意識の壁は徐々に取り除かれていった。

　アーティストのなかには、制作終了後も町で暮らしたいという人もいた。グリーンバレーでは、移住を希望する彼らのために、空き家を探し改修してサポートした。マヌスさんたち夫妻も、自然に囲まれた環境や住民たちの人柄をすっかり気に入り、町に移り住むことにしたのである。最初のうちは映像制作の仕事をしていたが、町に貢献できることをと、町にはまだなかったクラフトビールづくりを思い立ったのだった。

キャンプ場の奥にある店舗。壁はあべさんが描いた

　マヌスさんは、オランダにいた頃に趣味でビールを醸造していた経験がある。開業に当たっては、オンラインスクールで2カ月間、基礎から学び直した。クラウドファンディングで全国から資金を募る一方、開業の物理的な準備は地元の人たちがサポートしてくれた。工房の場所は、レジデンスで滞在中に世話になったキャンプ場のオーナーが、自分の土地の一部を使わせてくれた。彼は、自ら重機を動かして土地も整備してくれた。電線を引いたり水道管を敷設したりする必要もあったが、周囲の人たちが手弁当で駆けつけてくれ、少しずつ形にしていった。地元の商工会も、営業免許の取得について細かくアドバイスをしてくれたり、経営コンサルタントを紹介してくれたりした。

　こうしてKAMIYAMA BEER PROJECTはオープンしたのである。地元のスダチや梅を使ったビールを飲んだ人たちは、見慣れた食材の変身ぶりに驚き喜んでくれた。

町が移住者を選ぶ

　2007年、徳島県が各市町村に、移住者の呼び込みを目的とした移住交流支援センターの設置を呼びかける。町は、アーティストの移住をサポートしてきたグリーンバレーに業務を委託した。ただ、移住者を呼び込もうにも、町で彼らが就ける仕事は少ない。グリーンバレーは、町に仕事をもってきてくれる人を集めようと考えた。移住希望者を誰でも受け入れるのではなく、手に職をもち、町で起業する人を逆指名するのである。神山アーティスト・イン・レジデンスから着想した。「ワーク・イン・レジデンス」と名付けられたこの取り組みは2008年にスタートし、神山アーティスト・イン・レジデンスとともに、現在もグリーンバレーが運営する。

　ワーク・イン・レジデンスでは、移住希望者から移住後の暮らし方や仕事などについて聞き取り、移住者を選んでいく。「町にカフェがないからカフェを開きたい人に来てもらおう」といった具合いに、その人がやりたい仕事と住みたい場所を聞いて調整する。町にまだないものを優先して取り入れることで、町の産業を多様化し、さらに多くの人を呼び込む材料にしようというねらいである。例えば、愛知県から移住した男性が開いた町で初めてのオーダーメードの靴店は、その機能性やデザイン性が評判となり、町外からも客が訪れる。

　もちろん、神山への移住を希望する人が多く集まらなければ成り立たない。グリーンバレーではホームページ「イン神山」を開設し、町の情報を広く発信した。サイトには、住民たちが町での暮らしについて自由に書き込める「神山日記帳」をつくり、読んだ人が

町での暮らしの様子が読める「神山日記帳」

　移住後の生活を具体的にイメージできるようにした。また、町にない不動産会社の役割をグリーンバレーが務め、町役場と協働して空き家情報の集約や所有者との賃貸交渉を行って、移住者に住まいや店舗を提供できるようにした。

　さらに、人の流れを加速させたのが、2010年から相次いだサテライトオフィスの開設だった。背景にあるのは、その数年前に町が行った、光ファイバー網の敷設である。デジタル放送移行により受信が困難な地域が出ないように、町内全域でケーブルテレビ放送を利用できるようにしたのである。高速通信環境と豊かな自然の両方がそろった町に東京・渋谷区のIT企業が目をつけ、グリーンバレーに相談。グリーンバレーは空き家になっていた住居を紹介し、サテライトオフィスを誘致した。しばらくして、鮎喰川で岩に腰掛け、流れに足を浸しながらパソコンで仕事をする男性の映像が、NHKの全国ニュースで流れる。ちぐはぐな光景に、町は一気に注目され

るようになった。その少し前に起きた東日本大震災をきっかけに、IT企業を中心にバックアップ機能を備えた拠点を地方に置く動きが広がっていた。さまざまな要因が重なって、今では町に14社がサテライトオフィスを構えている。

　こうして、アーティストや起業家、IT人材というように、町の外からさまざまな職種や国籍の人が集まった。町の雰囲気もヨソモノに対して開放的になり、それが新たなヨソモノを呼ぶ循環が起きている。町外から訪れる人は、地元の人たちに特別扱いされることがないから居心地よく感じるのだそうだ。マヌスさんも、地元の人たちが外国人に慣れていることが、移住の決め手の一つだったと振り返る。

　現在グリーンバレーの局長を務める竹内和啓さんは、地元住民が主体となって、面白いと思うことをやり続けてきただけなのだと振り返る。それに呼応して自然と面白い人たちが町に集まるようになり、彼らが自身のネットワークで町の情報を発信する。神山アーティスト・イン・レジデンスを通じて、海外にも広く町の名が知られるようになった。こうして、町に興味をもつ人が増え、移住者の増加につながっていったのだという。

町の人たちと一緒につくりあげた宿

moja house　北山歩美さん

　北山歩美さんも、そうした一人である。遍路道のなかでも険しいことで有名な12番札所と13番札所の中間で、民宿「moja house」を営む。古民家を改修した宿で、県道沿いのバス停から急な坂道を15分ほど登った先の、見晴らしの良い高台にある。「moja」は、ベンガ

moja house の縁側に腰掛ける北山歩美さん

ル語で「おいしい、楽しい」を意味する。北山さんが町に移住する前に暮らしていたバングラデシュの言葉だ。

　北山さんは千葉県の出身で、東京で3年間勤務した後、青年海外協力隊として2年間バングラデシュで活動していた。現地の人たちの生活に入り込んで活動するなかで、任期を終えた後も地域に密接した仕事をしたいと思うようになっていた。あるとき、仲間から神山町の話を聞く。山のなかの過疎地に、IT 企業や若い人たちが移住してさまざまな活動をしているという。興味をもった北山さんは、町の地域おこし協力隊に応募し、2016年春に移る。地域に根を下ろした仕事をしたいと思っていたが、ゆかりのない土地でいきなり起業するのは難しい。それに、町での協力隊の仕事が食と農に関するものと書かれていたことにもひかれたのである。

　着任後は、スダチなどの特産品の PR に取り組んだ。仕事以外でも、町の阿波踊りの連に所属したり、農協の婦人部などに参加した

高台にある古民家を改修した moja house

　りして地域のコミュニティに溶け込んでいった。同時に起業の準備
も進めた。北山さんが望むのは、生活と一体になっているような仕
事である。民宿ならば職住を同じ場所にできる。町外から人を呼び
込むこともできるし、地元の人も気軽に立ち寄って交流できるよう
なスポットをつくれるだろうと考えた。

　グリーンバレーを経由して、10年近く人の住んでいない築150年
の木造平屋を借りた。最寄りのバス停から徒歩圏内で、景色も良く
立地は文句なしだったが、家の土台は湿気で腐っており、床下はシ
ロアリに喰われていた。大々的に手を入れなければ住める状態にな
い。しかし、先の見えないなかで費用をかけるのは不安だった。地
域おこし協力隊が起業する際に町から支給される支援金100万円は
あったが十分ではない。そこで、土台などの基礎部分以外は、業者
に任せずに人の手を借りながら改修することにした。費用を抑える
こともちろんあったが、宿をつくる作業を通じて moja house の

町のアーティストに描いてもらったふすま

仲間を増やしたいという思いがあったからである。

　例えば、床の張り替えでは、床張りを勉強したい人が集まる協会に声をかけた。この協会は、床張りを覚えたい人が講師の指導を受けながら、実際の古民家の床を張り替える活動をしている。教材となる建物を提供する家主は、材料と食事を用意すれば済む。壁の漆喰を塗るときは、SNSで参加者を募った。やってみたいという人が町内外から20人も集まり、2日で仕上がった。

　2019年3月、まず、地元の人に向けたお披露目会を開いた。宿には県外や国外からいろいろな人が訪れるだろう。知らない人が集落に出入りすることに不安を覚えるお年寄りも少なくない。騒がしくしてしまうこともあるかもしれない。理解を得ておくことが大切だと考えた。地元の人に気兼ねなく立ち寄ってもらうきっかけにもしたかった。

　宿では、希望すれば郷土料理をつくったり、北山さんが共同で管

理する棚田の稲刈りやスダチの収穫を体験したりすることもできる。食や農を通じて地域のことを知ってもらうコンセプトである。地元の人たちも理解し、応援してくれている。宿のある集落には19軒の家があり、住人の多くはお年寄りの女性である。彼女たちは、宿泊客にも声をかけ、つくった野菜をおすそ分けしてくれるそうだ。北山さんの方も、バングラデシュ仕込みのカレーを届けてお返しをする。

将来につなぐ町づくり

　町に移住する人が少しずつ増え、帰ってくる若者もみられるようになった。この好循環を持続させ、大きくしていきたいと、自治体も動き出した。2014年、国から全国の自治体に向けて地域活性化策を取りまとめるように号令が出されると、町の将来について話し合いの場がもたれた。確かに移住者は増えていたが、少子高齢化を食い止めるまでには至っていない。神山町の人口は2020年に4,647人で、1990年は9,468人であるから30年で半減したことになる。町の将来を担う若手を育てていくことも必要だった。

　30〜40歳代を中心に住民と役場職員でワーキングチームをつくり、話し合いを重ねた。貫かれた方針は、「実現するための計画づくり」という後藤正和町長の言葉だった。理想を追うのではなく、自分たちで実行できる、地に足をつけた計画を練ったのである。総合戦略「まちを将来世代につなぐプロジェクト」としてまとめられた計画は、大きく七つのテーマに分かれる。①人がいる、②よい住まい、③よい学校・教育、④いきいき働ける、⑤富、資源が流出していない、⑥安全、⑦関係が豊かで開かれている、という住まい、

集合住宅「大埜地住宅」を建設

　食、教育などを柱としたテーマである。それぞれに複数のプロジェクトを立ち上げて始動した。

　さらに、町は実働部隊として神山つなぐ公社を立ち上げた。年度ごとに予算が区切られる自治体より、長いスパンでプロジェクトを動かせると考えたのである。町が1,000万円出資し、ワーキンググループを取りまとめた役場職員の杼谷学さんが代表に就いた。

　例えば、集合住宅「大埜地住宅」建設プロジェクトは、子育て世帯向けの集合住宅をつくる計画である。地方では家同士が離れており、子どもたちが集まれる場は意外と少ない。結婚や出産を機に町から離れる若者も少なくなかった。大埜地住宅では、入居条件を高校生以下の子どもと同居している家族であることとし、同世代の子どもたちやその親が集まれるようにしたのである。町の人が自由に過ごすパブリックスペースも併設する。

　工事は主に地元の工務店に委託し、資材も地元のスギ材を使うこ

とにした。地元で資金を循環させ、林業を元気にすることもできる。小さな工務店や少ない林業従事者が対応できるように、一度に全戸を発注せずに、少しずつ建てた。2017年から段階的に建設し、完成した20戸はすでに満室の状態である。

　また、「神山創造学」は、高校生が職業体験や町の歴史の聞き取り調査といった学校外でのフィールドワークを行う教育プログラムである。植栽を手伝ったり、町の食材を使って料理をしたりしながら、地元を知り良さを体感してもらおうというものである。

　ほかにも、町民のための町内バスツアーは、地元のお年寄りや保育園児たちが、移住者が開いた店やサテライトオフィスを訪問して交流する企画である。移住者と地元の人の距離が近いこの町でも、互いに知らないことがまだまだある。それを解消し、間にある壁を低くしていく取り組みである。2020年までに延べ750人以上が参加した。

　町では、アリスの里帰りから始まり、住民が主導して町おこしを展開してきた。住民自らが取り組んできたからこそ、移住者との良好な関係も自然と築かれたのだといえる。コロナ禍となったとき、北山さんは真っ先に地元のお年寄りたちのことを考えて、moja houseを休業した。地元の人たちは収入の減る北山さんを心配して、ニンジン農家や学童保育所でのアルバイトなどを紹介してくれた。町にビール工房を開いたマヌスさんとあべさんの間には、創業と同じ年に女の子が生まれた。今は地元の保育園に通っている。

　町おこしは一朝一夕で成せるものではない。「関係が豊かで開かれている」環境を、時間をかけて耕しつないでいくことが欠かせないのである。
（桑本）

＜参考文献＞

神田誠司（2018）『神山進化論―人口減少を可能性に変えるまちづくり―』学
　　芸出版社

事例9

空き家再生で
跡継ぎのいる町を

鹿児島県南九州市頴娃町

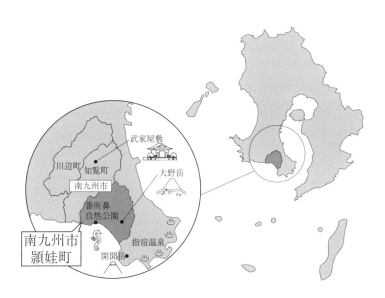

番所鼻公園から望む開聞岳

＜地域概要＞鹿児島県南九州市頴娃町

人　口	1990年：16,407人（うち65歳以上の比率：21.9％） 2020年：10,561人（うち65歳以上の比率：40.9％）
面　積	110.3平方キロメートル
東京からのアクセス例	羽田空港 ✈（約120分）〜鹿児島空港 🚌（約40分）〜 JR 鹿児島中央駅 🚃（約60分）〜JR 指宿駅 🚌（約40分）〜頴娃町

消える跡継ぎ

　九州最南端、鹿児島県の本土南部は、桜島と錦江湾を挟むかたち
で薩摩半島と大隅半島に分かれる。西にある薩摩半島の南端、指宿
市のすぐ北西にあるのが頴娃町である。2007年に隣接する知覧町、
川辺町と合併して、南九州市を構成する。

　一帯は、1970年度から84年度にかけて行われた国営南薩農業水利
事業により、多くの茶畑が開かれた。南九州市でつくられる茶は
「知覧茶」として流通しており、なかでも頴娃町の生産量が最も多
い。町のシンボルの大野岳を覆う茶畑は1段1段が広く、効率的に生
産できるのが特徴である。一番茶を摘み始める3月末から四番茶が
終わる8月中ごろまで、摘みたての茶葉を蒸す香りが大野岳を包み
込む。そして、もう一つの特産物が、火砕流によるシラスの土壌を
生かしたサツマイモである。主に、芋焼酎の原料として出荷されて
いる。

　しかし、高齢化とともに畑を受け継ぐ若者は減っていった。農業
だけではない。町を離れる人が増え、商店街でもシャッターを下ろ
したままの店が増えていった。町の人口は2020年には10,561人となっ
ており、1990年の16,407人から30年で3割以上減少している。15〜
64歳人口も9,765人から5,104人と大きく減っている。

　商工会青年部や農協青年部は、現状をどうすれば打開できるか話
し合うようになった。「寄せ鍋クラブ」として始まったこの集まりは、
2004年に「頴娃おこそ会」と命名され、町が合併した年にNPO法
人化した。スローガンは、「跡継ぎのいる町」である。2代目、3代目
が残りたい、帰ってきたいと思うような町にしていこうという意気

込みだった。農村エリアで観光誘致に取り組んだり、自分たちで栽培したサツマイモで芋焼酎を蒸留して販売したりした。しかし、いずれも目立った成果は上げられず、試行錯誤が続いていた。

　あるとき、当時の会の代表、西村正幸さんのもとに、埼玉県から一人の男性が訪れる。西村さんが経営する旅館の離れにある元レストランで、タツノオトシゴを養殖したいという。

タツノオトシゴがつないだ縁

シーホースウェイズ㈱　代表取締役 加藤紳さん

　この人が、日本で唯一のタツノオトシゴ養殖場であるシーホースウェイズ㈱を経営する加藤紳さんである。勤め先の海洋調査の仕事を経て出会ったタツノオトシゴに心を奪われて以来、タツノオトシゴ一筋に活動している。タツノオトシゴは、漢方薬の原料や観賞用として乱獲が進み、絶滅危惧種に指定されている。薩南の海からも姿を消していた。海を昔の姿に戻すためにも、人間が使うタツノオトシゴは養殖するようにしたい。退職してニュージーランドの研究所や高知大学大学院で学んだ後、養殖場所に適した建物を探すなかで町を訪れた。

　紳さんが目をつけた元レストランは、東シナ海に面した岸壁に建つ2階建てのビルである。薩摩富士の異名をもつ開聞岳と薩南の海を一望する見晴らしも気に入り、すぐに持ち主の西村さんに相談した。西村さんは、町に新しい風を吹き込むきっかけになってほしいと、ほぼ無償で貸してくれた。頴娃おこそ会のメンバーも快く迎え入れ、内装工事を手伝ってくれた。紳さん自身も、畳をはがしたり、活魚槽のポンプを再利用したりして費用を抑えた。

タツノオトシゴを養殖する加藤紳さん

　2008年、シーホースウェイズ㈱が創業した。タツノオトシゴは繊細な生き物で、その生態は明らかになっていない点が多い。1匹のメスが産む卵の数は1回当たり50〜1,000個ほどだが、孵化した稚魚がすべて死んでしまったこともある。病気の感染を抑える薬はあるが、漢方薬向けに販売することを考えているので使用は避けたい。紳さんは、餌を変えたり水温や水流を調整したりしながら少しずつ飼育方法を確立し、これまでに16種の養殖に成功した。

　成長したタツノオトシゴは、観賞用としてインターネットで販売している。漢方薬としての需要は大半が中国によるものだが、輸出コストを加味した価格ではなかなか販売が難しく、模索しているところである。併せて始めた取り組みが、観光事業である。2010年、建物内に水族館「タツノオトシゴハウス」を開き、誰でも無料で見学できるようにした。タツノオトシゴを通して海の保護に関心をもってもらいたいという思いからである。町に人を呼び込むきっか

けにできればという考えもあった。

　しかし、タツノオトシゴハウスのある番所鼻自然公園は草木が生い茂り道も見えなくなっており、「地元の人もほとんど寄りつかない」ような場所だった。実はこの公園は日本地図の父、伊能忠敬が測量に訪れ、そこから望む開聞岳を「天下の絶景」と称賛した場所なのだが、砂蒸し温泉で有名な指宿市や武家屋敷が並ぶ知覧町に観光客が流れていき、次第に荒れ果てていったのである。

　公園を整備し魅力ある場所にして、タツノオトシゴハウスにも足を運んでもらいたい。応援に駆けつけたのが、兄の加藤潤さんである。何度か弟のもとを訪れ、町の風景にほれ込んでいた潤さんは、東京での商社勤めを辞めて家族とともに町に移り住んだ。

　二人は木を切り草を刈って、公園を整備した。頴娃おこそ会のメンバーも協力した。そして、整備した公園に観光客が集まるスポットをつくろうと話し合い、開聞岳を正面に望む展望台に鐘を建てることにした。費用は、会が観光協会に掛け合って工面したが、十分ではない。看板店を営むメンバーが支柱をつくり、それを立てる穴を加藤兄弟が掘り、台座の石材は石材店の社長が用意してと、皆が持てるものを持ち寄った。

　鐘は「吉鐘〜竜のおとし子」と名付けた。一つ鳴らすと幸運、二つは健康、三つは縁結び・夫婦円満、四つは子宝、五つは安産と、鳴らす回数で古来タツノオトシゴにまつわる五つの縁起のうち一つを願う。この鐘とタツノオトシゴハウスが、町に人を呼び込む最初のきっかけになった。鐘を建てた2年後の2012年は辰年。縁起の良い場所としてテレビや雑誌で取り上げられ、一躍有名スポットになった。

公園内に建てた「吉鐘〜竜のおとし子」

町の資源を再認識する

　住民には当たり前の景色が、外からみると観光資源になる。町おこしを画策していた頴娃おこそ会に、観光という道筋がみえてきた。潤さんも会のメンバーとなり、その後の活動で中心的な役割を担っていく。

　番所鼻自然公園に続いて会が目をつけたスポットが、射楯兵主（いたてつわものぬし）神社、通称釜蓋（かまふた）神社である。古くから武士道の神として信仰されている神社で、釜の蓋を頭に載せて鳥居から本殿まで落とさずに歩ききれば願いがかなうと伝えられている。タツノオトシゴの鐘とセットでパワースポットとして紹介するようにした。メディアによる紹介が徐々に増え、2012年にはなでしこジャパンの選手が神社に来訪、翌年の元旦には神社に行列ができた。

　次に、町一番の産業である製茶業も観光資源になると考えた。茶

大野岳に広がる茶畑

畑が広がる大野岳の景観は美しいが、町外からわざわざ見に訪れる
人はいない。地元の茶農家の提案で、「茶寿」を大野岳観光のコン
セプトに据えた。茶という漢字を分解してできる「十」二つと
「八十八」を足すと108になることから、茶寿は108歳の長寿を祝う
節目を表す。大野岳の頂上に続く階段を108段に整備することを行
政へ提案、実現して「茶寿階段」と名付けた。長寿を願いながら登
りきった先には、屋久島まで見渡せる360度のパノラマビューが広
がる。茶農家の人たちが茶畑を案内し、茶摘みを教える「グリーン・
ティーリズム」も企画した。番所鼻自然公園や釜蓋神社とともに知
られていき、大手旅行会社が町を巡るツアーを組むようになった。
　続いて頴娃おこそ会が注目したのが、石垣地区である。港町とし
て栄えた江戸時代に、豪商の家や商店が多く集まっていた中心エリ
アで、明治期以降も多くの商店でにぎわっていた。人口減少ととも
に空き家が増えていったが、漆喰塗りの壁や低い石垣が連なる風情

はそのまま残っている。なかでも、地区のシンボルとなっていたのが、書店だった建物である。しかし、築100年以上が経ち老朽化が激しく、取り壊されることになる。それを聞いた会が建物を町で保存できないかと、遠方に住む家主に相談したところ、一度は無償で譲り渡すと快諾を得た。ところが、改修計画のとりまとめや所有権の移転などにかかる費用の工面が難航し、結局建物は取り壊されることになってしまったのである。

　昔の趣ある建物を受け継ぎ、観光客や町の人が集まる拠点にしたい。諦めきれなかった会は、取り壊された書店の向かいに建つ空き家の家主にコンタクトをとり、改修の了解を得る。同じく築100年以上が経つ商家で、元は塩や食料品を扱っていたことから、メンバーは「塩屋」と呼ぶようになった。

　前回の教訓を生かし、物件は賃借することにした。譲渡の場合、会での費用負担が大きくなるだけでなく、登記など互いの手続きも煩雑になる。賃貸契約にする代わりに、家主との連絡を頻繁にとって方針にすれ違いが生じないように注意した。加えて、契約書に、改修の主体は頴娃おこそ会が担うことや原状回復義務を会が負わないことなど、改修に関する事項を盛り込んだ。国や県の補助金についても各方面に問い合わせ、全部で400万円ほど調達できた。さらに、潤さんが知り合いのつてを頼り、霧島市の第一工科大学で建築デザインを教える講師に協力を依頼した。

　その講師は、学生を連れて町を訪れると、建物の測量や図面の作成に取りかかった。そして、夏休みの1週間、15人の学生が町に泊まり込んで、建物を改修したのである。学生にとっては学びの機会になり、町にとっても建築目線を取り入れ、プロジェクト推進の後

押しを得ることになる。地元の住民たちも作業を手伝ったり学生に
差し入れをしたりして、一丸となって町のシンボルを復元した。建
物の名前は「塩や、」とした。「屋」を接続詞の「や」に変えて読点
をつけたのは、町おこしの活動をこれからも続けていくという意思
を表したかったからである。

　実際、頴娃おこそ会の活動は勢いを増していく。これまでは各自
が仕事の合間に活動していたが、専任で動けるメンバーとして、観
光業に詳しい女性を呼び寄せる。

空き家は町おこしの資源

福のや、　福澤知香さん

　その女性、福澤知香さんは鹿児島県鹿屋市の出身で、大阪で観光
学を学び大手旅行会社に勤務した後、高知県や鹿児島県いちき串木
野市の観光協会に勤めていた。住民自らが町を観光地としておこし
ていく姿に興味をもち、町を何度も訪れて頴娃おこそ会のメンバー
とも親しくなった。来てほしいと頼まれたときには町を訪れるよう
になって1年以上経っており、不安は感じなかった。

　一方、頴娃おこそ会は、福澤さんのために雇用体制を整える必要
があった。鹿児島県と協議した結果、県の委託事業として会が福澤
さんを3年間雇い、専任の観光コーディネーターに任命した。住む
場所も手配しなければならない。メンバーのつてを頼って石垣地区
の空き家を借り、改修をした。

　移住した福澤さんは、塩や、を拠点にメディアに町を紹介した
り、イベントを開いたりして人を集めた。次第に顔なじみも増え、
福澤さんの家に泊めてほしいとやって来る知人は、1年で延べ60人

笑顔で迎えてくれる福澤知香さん

を数えていた。町の旅館は、地元企業やシニア世代が主な客層に
なっていた。若い人が気軽に滞在できる場所がもっとあれば、町を
訪れたことがない層も呼び込めるのではないかと考えた。

　そこで、自宅の空き部屋二つを宿泊場所として旅館業の免許を申
請し、2016年秋に「福のや、」を開業した。幸い、以前から何人も
の知人を家に泊めていたことが事業を試す機会になっており、ス
ムーズに開業できた。さらに、頴娃おこそ会での任期が終了した
2018年、別の空き家を改修して、福のや、を一棟貸しの宿にした。
宿を貸し切りにする場合は消防設備の種類を変えなければならない
など、手続きが以前より複雑になったが、市役所や商工会に相談し
ながら少しずつ進めた。

　新たな福のや、では、女性同士や子ども連れの宿泊者をイメージ
して、壁の色を明るくしたり、キッチンと広間の間の壁を取り払っ
てカウンターを設置したりした。海岸や石垣地区を巡るツアーなど

のオプションも用意している。SNS上で評判となり、リピーターが多い。

　ただ、宿の収入は生活に十分ではないし、天候にも左右される。福澤さんはこれまでの経験を生かし、各地の町づくり団体で講演したり、旅行ツアーの企画を請け負ったりして、収入を安定させている。もちろん、町おこしの活動にも引き続き積極的に取り組む。

　目下進めているのが、大野岳でのグリーン・ティーリズムの本格化である。ティーリズムは茶農家の人たちが主導していたが、茶摘みの最盛期は忙しくて観光客の対応まで手が回らないことがしばしばあった。体験料を200円と安く設定していたため、積極的に取り組もうという人が限られてしまったことも要因だった。福澤さんは、まず体験料を、相場を踏まえて3,000円に引き上げた。その代わり、茶をいれて飲み比べをしたり、大野岳の茶農家の人たちと交流したりと、2時間たっぷり満喫してもらう。茶農家の人たちも、きちんと対価を得られるようになることで、張り合いを感じられるし、観光が町の重要な事業であることへの理解も進む。

　また、ティーリズムの拠点にするべく頴娃おこそ会が学生の協力を得て再生した民家「茶や、」を、宿泊施設として2021年秋にリニューアルオープンした。茶や、から見渡す一面の茶畑や満天の星の美しさを、たくさんの人に知ってほしいと福澤さんは話す。

空き家が移住の呼び水

　塩や、福のや、茶や、と立ち上げていきながら、頴娃おこそ会は空き家再生の体制を整えていった。物件は家主から会が直接借り受け、家賃も会から払う。少額だが、固定資産税を賄う程度にはな

学生と一緒に改修した「茶や、」

る。そして、会が大家として新しい住人から家賃を受ける。家の広
さなどに応じて3万〜4万円程度とする。この受け取り家賃と家主へ
の支払い家賃の差額を、改修に充てる。用途に応じて改修の程度を
見極め、古い部材も生かすなど費用を抑えるノウハウも蓄積した。
学生に頼ってばかりでは続かないと、自らも技術を身につけた。勉
強会を開いて改修のこつを共有するほか、建築や不動産、町づくり
に詳しい人を招いて教えを請う。

　こうして、不動産会社が機能しておらず住む場所を探すことも難
しかった町で、移住希望者に住まいを世話できるようになった。移
住者は、家賃を負担するだけで改修が可能になる。家主と直接交渉
するよりも、町の事情に精通している会のメンバーが間に入る方が
スムーズに進むし、そもそも町外で暮らす家主を探し出すのは、住
民同士のネットワークをもつ会でなければ難しい。家主も、会を経
由することでトラブルが起きる心配がなくなる。

息ぬきの場～月下美人～　上村ゆいさん

　古民家にあこがれて移住してくる人もいる。町でヨガスタジオ「息ぬきの場～月下美人～」を運営する上村（かみむら）ゆいさんもそうした一人である。出身地の鹿児島市でヨガを教えていたが、古民家でゆったりとヨガを教えたいと2019年に移り住んだ。住居兼スタジオの開設は、頴娃おこそ会の8件目の改修プロジェクトとなった。部屋の間仕切りを取り払って畳を外し、板敷きの広いスタジオにした。上村さんたっての希望で囲炉裏（いろり）もしつらえた。

　古民家でのレッスンは毎週金・土・日曜に開催する。ただ、人口の少ない町のなかだけでは、十分な生徒数を見込めない。上村さんはあらかじめ、鹿児島市でのレッスンを移住後も続けられるように手配しておいた。ほかにも、近隣の指宿市や薩摩川内市（さつませんだい）などで出張レッスンを行う。また、以前に農業に携わった経験を生かして、農家でアルバイトをしている。3～5月の茶摘みの最盛期や、8月のサツマイモの収穫期は特に、人手不足に悩む農家が多く、仕事の場には困らない。

　草刈りなど地域の行事はレッスンと重なることが多く、参加できない。上村さんは、事前に自治会長に事情を説明して、近隣の人たちに理解してもらえるよう努めている。自治会費は遅れずに支払い、夏祭りなどのイベントにも、参加できるときは顔を出すようにしている。心強い存在は、上村さんが暮らす家の持ち主である。賃貸に関する交渉は頴娃おこそ会と行っているが、近所に住む家主夫妻は、台風が近づいている日は様子を見に来てくれたり、時期になると新茶を持ってきてくれたりと、町に身寄りのない上村さんに親身に接してくれる。

古民家でヨガを教える上村ゆいさん

　上村さんも町に溶け込めるようにと、月1回、町にある寺の本堂でヨガレッスンを公開している。公民館や小学校での親子ヨガ教室も、声がかかれば進んで引き受ける。こうした場をきっかけに、古民家のスタジオに通う人もいるという。創業間もなくコロナ禍となり、レッスンは人数を制限せざるを得なくなったが、続けてほしいという生徒たちの声を励みに教室を開いている。

町おこしを承継する

　「跡継ぎのいる町」を目指す頴娃おこそ会も、次世代に活動を受け継いでいかなければならない。福澤さんを採用した翌年以降は、地域おこし協力隊制度を活用し、市を経由して専従の若者を採用している。隊員第1号の前迫昇吾（まえさきしょうご）さんは、任期の満了後に町でデザイン会社、㈱reQ（リキュウ）を起こし、町のPR活動に協力する。その友人で、二人目の隊員となった蔵元恵佑（くらもとけいすけ）さんは、2018年に頴娃おこそ会から

49％を出資するかたちで㈱オコソコを立ち上げ、町おこしを新たな段階に進めようと取り組む。

　蔵元さんは、会の活動を持続可能にするためには、収益をあげられるようにする必要があると考えていた。そこで、活動内容のうち、事業性が見込めるものを切り離して、㈱オコソコを立ち上げたのである。事業は四つに分かれ、観光宿泊事業では、空き家を改修したゲストハウスの運営や街歩きなどのガイドを行う。空き家再生事業では、改修した空き家の大家業、シェアハウス・オフィスの運営や空き家に関するイベントの企画、視察研修の受け入れを担う。プロジェクトデザイン事業では、地場産業のプロジェクトの企画からSNSなどによる情報発信、取材記事の連載などを行う。そして、蔵元さんが最も力を入れるのが飲食事業である。農業が盛んで海も近いこの町の魅力は、「生産現場であること」だと考えるからだ。食を通じて町を知り、遊びに来て滞在し、最後は定住する。そんなサイクルが生まれるとよいと話す。

　そのための一手として、2021年4月、コミュニティスペースとして利用していた塩や、を「だしとお茶の店　潮や、」にリニューアルした。建築会社に内装を依頼して、大きなカウンターやおしゃれな家具を配置したカフェにした。鹿児島県産の煎茶を多品種そろえるほか、薩南の鰹節を使っただし茶漬けなどを提供する。町外からも若い女性客が集まり、平日も行列ができる。

　地元の住民が始めた町おこしの活動は、移住者の視点を得て本格化し、活動の「跡継ぎ」によって今、新たなフェーズに入ろうとしている。
　　　　　　　　　　　　　　　　　　　　　　　　　　　　（桑本）

総論

◆ ◆ ◆

移住創業の
課題克服に向けて

1　事例でみる移住創業者と地域の多様な姿

　ここまで、九つのエリアの事例を紹介した。

　北海道下川町では、森との共生を目指す町に共感して集まった移住創業者が、森林資源を起点にした経済循環の一翼を担っていた。秋田県五城目町では、廃校をシェアオフィスにして域内での創業を喚起し、集まった移住者が町おこしの立役者になっていた。千葉県いすみ市では、地元のマーケットを活用して小商いの場をつくり、趣味を生かした小さな創業が増えていた。岐阜県郡上市では、住民が企画した事業を移住者と行うプロジェクトにより、地域の課題解決に取り組んでいた。富山県南砺市では、移住創業者が町の文化を海外まで発信し、住民を巻き込んで町を盛り立てていた。

　西日本に移って、和歌山県田辺市龍神村では、住民と移住者それぞれが自発的に地域の問題に対峙し、いくつもの活動が集積して町おこしに結びついていた。山口県周防大島町では、移住者同士がつながり、地元の食材などの価値を見つめ直して事業機会を広げていた。徳島県神山町では、住民が移住者を選ぶシステムによって、移住創業者が町に受け入れられやすい体制がつくられていた。鹿児島県南九州市頴娃町では、住民が空き家を再生して移住者の生活や事業の場を提供し、空き家問題を解消しながら創業を増やしていた。

　地域によって移住創業の促進や町おこしの取り組み方が千差万別であるように、そこに暮らす移住創業者のありようもまた、さまざまであった。例えば、富山県南砺市に移住した㈱コラレアルチザンジャパンの山川智嗣さんは、貸し切り型のホテルを複数展開し、雇

用を増やし、事業内容も広げている。他方、千葉県いすみ市でAnother Belly Cakes を創業した磯木知子さんは、自分のペースで商いをしたいと店舗はもたず、地元のマーケットに出店して自作のケーキを販売していた。ただ、事業規模や創業の目的にかかわらず、皆地域の人々と良好な関係を築いていた。事業を通して地元経済の潤滑油となっている姿や、移住創業により希望の働き方を実現している様子もみてとれた。以下では、移住先地域との関係構築を中心に、第1部で分析した移住創業の課題を乗り越えるヒントを、多様な事例の姿から探り、まとめに代えたい。

2　移住創業前後の地域とのかかわり

　生活の拠点を変えることは金銭面でも負担が大きく、移住した地域が事業に向いていなかったとしても簡単にはやり直せない。入念なリサーチや事前のネットワークづくりが、その後の生活や事業の行方を左右するだろう。第1部の分析によれば、移住創業前に誰かに相談したり地域を訪ねたりするといった何らかの備えをしている人の方が、月商規模が大きい層の割合が高かった。実際に、事例地域の移住創業者はどのような備えをし、行政や住民は移住希望者にどのようにかかわっているのだろうか。

(1) 移住前に地域を知る
　序章で述べたように、地域おこし協力隊の制度は、移住創業の備えとして非常に有用である。徳島県神山町でゲストハウスを開いた

　北山歩美さんは、知らない土地でいきなり創業するのは難しいと考えて、協力隊に応募した。3年の任期中に、仕事や私生活を通して町のコミュニティに溶け込み、暮らしていく自信をつけた。北海道下川町で化粧品をつくる山田香織さんと小松佐知子さんも、協力隊の仕事をしながら、原料のハーブを育てる場所を探したり、製造販売の許可をとったりして創業の準備を進めた。

　移住してひとまず勤務者になったり、別の場所で行っていた仕事を続けたりするのも一手である。移住先で生計を立てつつ、事業の構想を練ることができる。北海道下川町に家族を伴い移住した加藤滋さんは、しばらく町内の工務店に勤めて独立のめどをつけてから、自分の店を構えた。また、徳島県神山町のスウィーニー・マヌスさんは、最初はフリーランスとして映像制作の仕事を続けながら、夫婦で町に移住した。その後、町にまだない産業で自分の知識を生かせるものを検討して、ビール工房を創業した。

　移住候補地を訪れてみるだけでも、その土地での暮らしを知ることはできる。ただし、観光するのではなく、生活に関する情報の収集を心がけなくてはいけない。地域に長く暮らす住民や経営者の生の声を聞くことで、移住後の生活や創業後の姿を具体的に思い描けるようになる。鹿児島県の頴娃町に移住した福澤知香さんは、移住前から町を何度も訪れ、地元の住民団体とも仲良くなり、移住するときには町の慣習にすっかり詳しくなっていた。和歌山県の龍神村に移住した金丸知弘さんは、移住のイベントで知り合った先輩移住者から光熱費やガソリン代などの生活コストについて教えてもらったり、娘を通わせる学校の場所を確認したりした。さらに、村で飲食店を経営する人に材料の仕入れルートや相場を聞いたりして、事

業計画を立てた。

　移住先地域の様子をあらかじめ知り、移住後の生活や創業に対する不安をできる限り和らげられれば、事業を軌道に乗せるまでの道のりもスムーズになる。

(2) 地域から情報を発信する

　移住創業者があらかじめ地域をよく理解することは、彼らを受け入れる側である地方の住民にとっても望ましい。アンケートでは、移住創業者に対して「慣習の違いにより生活面のトラブルが起きやすくなる」ことを懸念する住民が少なくなかった。移住後にボタンのかけ違いが起きないように、住民の側も日ごろから情報を発信し、移住を検討している人に地域のありのままの姿を知ってもらう必要がある。先ほどの、福澤さんや金丸さんのケースも、彼らを親切に迎え入れ、質問に応じる人がいなければ成り立たない。また、住民の人となりや地域の雰囲気は、インターネットで調べてもなかなかわからない。秋田県五城目町に移住した竹内健二さんが何よりありがたいと感じた行政のサポートは、町の担当者が集落に暮らす人たちの人柄を教えてくれたことだったという。

　行政が主体となって、地域を理解してもらうための場を設けているケースも少なくない。北海道下川町は定期的に町内ツアーを開催しており、零下30度近くまで気温が下がる豪雪地帯の暮らしを体験することができる。山口県周防大島町も、1泊2日のお試し暮らしツアーを主催し、病院やスーパーなど生活インフラを案内するほか、草刈りなどの役割分担を説明したり、町の経営者の話を聞く機会を設けたりしている。さらに、ファイナンシャルプランナーの

泉谷勝敏さんが、移住後の生活設計や創業計画の相談に乗る窓口も開設していた。

　ここで重要なのは、地域の良い面だけでなく、不便なことや面倒なこともすべて知ってもらうことである。地域に対する過度な期待や認識のずれをなくすことができれば、移住後の定住にもつながりやすくなる。

（3）創業をトライアルする

　地域の暮らしだけでなく、ビジネスの方も事前に試す機会があればなおよい。地方の住民に対するアンケートでは、移住創業者の店を利用する理由として、アクセスや店の雰囲気、商品・サービスの質の良さが挙がっていた。ただ、地域によって、交通事情は異なるし、店の好き嫌いにも傾向がみられる。移住先地域のニーズを的確につかめれば、創業に伴うリスクも小さくなる。

　事例で複数みられたのは、チャレンジショップの活用である。移住先でカフェを始めた千葉県いすみ市の木村洋平さんや岐阜県郡上市の梶田香里さんは、地元の団体が運営するチャレンジショップに出店して、集客の見込みを立てることができた。木村さんは、市内で開かれるマーケットにも何回か出店してみて、創業の足がかりをつかんだ。秋田県五城目町では、定期的に開催する朝市のブースを町外の住民にも開放しており、これがチャレンジショップの役割を果たしている。

　まずは小さく事業を始めてみるのもよい。頴娃町でゲストハウスを移住創業した福澤知香さんは、自宅の一室を使って創業した後、しばらくして別に1軒空き家を改修して貸し切りの宿を始めた。最

小限のかたちで創業してみることで、ターゲットとする客層や価格水準などのめどを立てやすくなったほか、事業にかかるコストも予想しやすくなった。

　創業のトライアル制度を行政が用意している地域もある。北海道下川町では、地域おこし協力隊制度を活用して、創業計画の作成から創業まで全面的に移住者をバックアップしている。計画段階で、地元の企業経営者や経営アドバイザーが内容を審査し、一緒にブラッシュアップする。最終審査を通過した移住者は、協力隊としての報酬を得たまま、創業に向けて準備できる。準備期間中も、町役場の担当者や経営者が定期的に進捗状況を確認したり、相談に応じたりして伴走する。この制度を利用した塚本あずささんは、当初企画していたアロマセラピーの事業と、アドバイスを受けて加えたブレンドティーの卸売り事業の2本立てで創業し、大雪で店を開けられない日が続いたときも一定の収入を得ることができた。地元をよく知る人たちが事業の計画性を見極め、企画段階から面倒をみてくれることで、町の実情に沿った事業を始められ、それだけ事業の継続可能性も高くなる。

　岐阜県郡上市の郡上カンパニーも、興味深い取り組みである。地元の経営者らが企画した事業を、移住者に経営してもらうものである。地域をよく知る人が計画するから地域の実情とずれがない。地元発案の計画に移住者の視点を取り入れて発展させていくことが期待できる。

　成功するビジネスの数が増えるほど、地域経済への寄与も大きくなる。移住創業者を受け入れる地域も、創業前の段階からしっかりと伴走していくことが望ましい。

（4）既存の経営資源を引き継ぐ

　移住創業者へのアンケートで特に事業規模への好影響が目立ったのが、移住創業に当たりほかの企業から経営資源の一部を引き継いでいる場合であった。商品や設備を引き継ぐことでスムーズな創業を果たしている事例も複数みられた。山口県周防大島町の嶋津朗暢さんは、廃業を計画していたパン屋の主人の下で1年間修業し、オーブンなどの機材一式とレシピを譲り受けた。創業にかかる費用を大幅に節約できただけでなく、レシピも受け継いだことで、創業してすぐに顧客を獲得することができた。

　ただ、素性のわからない移住者に自分が手がけてきた事業を譲りたいと思う人は少ないのではないか。当研究所「小企業における経営資源の引き継ぎに関する実態調査」（2017年）では、後継者が決まっていない企業の経営者のうち経営資源の譲り渡しに抵抗感があるという人にその理由を複数回答で尋ねており、最も多い回答は「自分が知らない相手には譲り渡したくない」で51.7％に上る。例えば、山口県周防大島町の新村一成さんが、地元で人気だった海産物加工品のレシピを教えてもらうことができたのは、新村さんが町の出身であったことや、元生産者の近所に親戚が住んでいて信用を得られたことが大きかったという。

　また、引き受け先を探している経営者がいたとしても、地縁のない土地に移住した人が単独で自分の事業計画に合った経営資源を譲渡してくれる人を探すのは難しいだろう。それでも、移住創業者へのアンケートでは、移住先の地域にゆかりがない人の方が何かしらの経営資源を引き継いでいる割合が高かった。どのように相手を見つけているのだろうか。

　田邊真理恵さんは、商品であるエッセンシャルオイルをもともと製造していた森林組合から、蒸留設備を譲り受けた。移住先の北海道下川町は地縁のない土地だったが、移住する前から町に通い、組合の担当者とも交流するなかで少しずつ信頼関係を築いていた。顧客もそのまま引き継ぐことができ、事業はすぐに軌道に乗った。移住前から地域とのかかわりをもつことは、経営資源の引き継ぎの側面からも大切であるとわかる。

　地域によっては、地元のキーマンが引き渡しを仲介していることもある。木村洋平さんがいすみ市でカフェを開くための物件を探していたとき、引っ越しを世話してくれた地元の男性が、業務用キッチンを備えた空き家を紹介してくれた。地域の情報に精通した人物が間を取り持てば、譲り渡してくれる人を探している移住者と、引き受け先を求めている地元の経営者をマッチングしやすくなる。

　経営資源を引き継ぐことで浮いた費用や時間を次のステップに生かせば、事業規模を広げるチャンスも大きくなる。田邊さんは、創業後に商品開発を重ね、新たなブランドを立ち上げて客層を広げた。引き継いだ事業に移住者が手を加えることで、地域に産業を残しつつ新しいものをつくりだしていくことも可能になる。

3　移住創業後の継続的な関係構築

　多くの移住創業者が主な商圏や仕入れ先として地元を重視しており、また、事業の売り上げや採算は、地域との関係性の良しあしに比例する傾向がみられた。前節では、移住創業の前や直後の行動に

ついて触れたが、その後も継続的に地域の住民とかかわり地域への
理解を深め、住民に認知してもらうことが肝要である。

（1）地域の行事は交流のチャンス

　移住先地域のことをよく理解したとしても、そこでの慣習を尊重
しなければ地域になじむことはできない。アンケートによれば、移
住創業者の増加を良くないことだと思う住民のなかには、治安の悪
化を理由に挙げる人が3割近くいた。知らない人が近所で生活する
ことや事業を始めることに、不安を覚える人もいるだろう。こうし
た不安を解消するためには、自分が何者であるか、そしてどのよう
な事業を行おうとしているのかを、住民に知ってもらうことが必要
である。

　また、同じくアンケート結果では、地方の住民の多くが祭りや町
内会、青年会、婦人会、清掃活動などに参加しており、過疎地では
参加比率が特に高かった。さらに、移住創業者に対して、地域活動
の即戦力になることを期待する声も大きい。地元の行事に参加する
ことは、住民と交流し、互いに認知し合うチャンスだといえる。実
際、事例で紹介した移住創業者の方々は、地域の会合や草刈りなど
に率先して参加していた。

　ただ、家庭や事業の都合でこうした行事に参加できない人もいる
だろう。鹿児島県の頴娃町でヨガスタジオを創業した上村ゆいさん
も、レッスンのため自治体の行事に参加できないことが多い。それ
でも、自治会長に都度事情を説明したり、地元の小学校などから親
子ヨガ教室の講師を頼まれれば協力したりして、地域の活動に協力
的な姿勢を示し、信頼を得ている。

　行事以外でも、富山県南砺市に移住しブックカフェを始めた高橋悠太さんは、近隣の農家の作業を手伝うなど若い働き手として重宝がられるようになった。山口県周防大島町で機織り事業を始めた長谷川樹子さんは、町内のボランティア活動に参加するなかで、事業の仲間を得た。

　事業の商圏が地元以外にあったとしても、周辺住民との親交を深めることは必要である。北山歩美さんは、神山町でゲストハウスをオープンする際、最初に、住民に向けたお披露目会を開いた。ゲストハウスには世界中から旅行客がやってくる予定である。知らない人が集落を通ることに不安を感じないようにとの配慮であった。今では、宿を訪れる観光客にお年寄りが畑の野菜を渡すといった交流も生まれ、宿泊客からも喜ばれている。

(2) 拠点を交流の目印にする

　地元の人と交流する拠点があれば、住民とのかかわりをつくりやすい。北海道下川町では、行政が運営するカフェで月1回イベントを開いている。住民、移住者、移住希望者がそれぞれ食べ物を持ち寄る。移住したばかりの人には、住民に顔と名前を覚えてもらうきっかけになっている。

　また、交流の拠点は、地元の住民だけでなく、ほかの移住創業者とのネットワークをつくる場にもなる。秋田県五城目町の廃校をシェアオフィスにリノベーションした BABAME BASE には、複数の移住創業者が入居する。入居者の石井智美さんは、BABAME BASE には常に誰かがいるので事業の相談をしやすく心強いと話す。移住創業者同士で困り事を相談したり、経営や地域の情報を交

換したりできる。岐阜県郡上市の移住者が集まるシェアオフィス、HUB GUJO では、移住創業者同士の会話のなかから新しい商品のアイデアが生まれている。

　注意したいのは、こうした拠点に集まる人が移住者や特定の住民だけにならないようにすることである。BABAME BASE では、地域おこし協力隊や運営する一般社団法人ドチャベンジャーズが、クリスマスバザーや流しそうめんなどのイベントを開き、地元の住民を招いて移住者との交流を促している。

(3)　移住創業者と住民を仲介する

　移住創業者同士や住民の交流には、仲介者がいるケースが多い。アンケートでは、9割近い住民が移住創業者を歓迎していたが、積極的にかかわりたいとまで思う人は6割弱にとどまった。さらに、この6割弱の人たちも、全員が移住創業者とかかわるすべを知っているわけではない。こうした住民と移住創業者との間に行政や住民団体などが介在することで、双方の距離を縮めている。移住創業者同士のネットワークも、そのきっかけをつくったりケアしたりする人物がいてこそ機能する。

　例えば、千葉県いすみ市では、市の担当者が移住創業者の店をときどき訪れ、困り事に応じて対応できる住民を紹介している。岐阜県郡上市で空き家を改修して移住者に貸し出しているチームまちやは、入居者のあいさつ回りに付き添う。出会いのきっかけを地元に精通した団体がつくることで、移住者は地域に溶け込みやすくなる。住民も、信頼できる仲介者の後ろ盾があれば、安心して移住者と付き合える。

　また、和歌山県の龍神村で菓子工房を創業した榎本大志・恵夫妻は、市が主催する経営者の養成塾で出会った農園主やパン屋の店長などと協力して、商圏を広げている。この養成塾では、修了生も引き続きセミナーやイベントに参加できるため、世代や業種を超えて刺激し合える。

　嶋津朗暢さんは、移住先の周防大島町で町おこしに携わる大野圭司さんを経由してほかの移住創業者と知り合ったことが、地元の食材の価値を見直し、新商品を開発するきっかけとなった。大野さんは、町で経営者のサポートや起業家教育を行うなかで幅広い人脈を築いており、さまざまな人がつながり高め合えるように、積極的にコーディネートしている。

（4）応援人口を増やす

　大野さんのような熱心なサポーターが増えれば、より多くの移住創業者の事業が発展し、その分地域経済への波及効果も大きくなる。アンケート結果では、移住者の支援や移住創業者との積極的なかかわりに対する住民の関心の大きさは、地域に対する愛着の度合いと相関していた。移住者へのサポートを属人的なものに終わらせないためには、若い世代の地元に対する愛着を育んでいく仕組みづくりが急務である。

　大野さんは、地元の中学生を対象にした起業家教育を実践している。子どもたちは、授業を通じて自分たちが暮らす町の価値や課題を認識し、ゲスト講師として参加した移住創業者の話から創業に興味をもつようになる。また、北海道下川町では、住民は学校の行事として植林を体験し、幼いうちから森との共生の意義を学んでい

る。徳島県神山町では、2023年度に、地域のことを包括的に学ぶ高等専門学校が設立される予定である。地域への愛着を次世代に受け継ぎ、地域のことを自分事として考える若者を育てることは、地域の将来を託せる人材を輩出していくことにほかならない。

　次世代に限らず、今いる大人たちの意識を変えていくことももちろん必要である。和歌山県の龍神村に移住した竹内雅一さんは、地元には何もないと悲観する住民が多いことに驚いた。大人たちが自分の町を好きにならなければ、その子どもたちも町から出ていく一方である。緑豊かな自然やおいしい水こそが地域の宝なのだと説いて、少しずつ住民の意識を変えていった。竹内さんと出会い、地元に興味をもつようになった小川さださんは、近所の主婦たちと町おこしの団体を組織、今では息子も活動に加わる。

　外から地域を応援する人を増やす動きもあり、政府も関係人口としてその重要性を唱えている。秋田県五城目町では、東京や神奈川などで、町の出身者や町に興味をもつ人が集まる「五城目ファンミーティング」を定期的に開催している。岐阜県郡上市では、都市部の若者と住民が集まり、創業計画を練るワークショップを開いている。参加者は、会合が終わった後も町とつながりをもち続け、町の様子を見に訪れたり、ネットワークを生かして地域の情報を発信したりと、サポートを惜しまない。

　なお、移住創業者に移住先地域を選んだ積極的な理由を尋ねたアンケートでは、「文化や風土にひかれたから」との回答割合は7.4%と少なかった。地域を誇りに思い、魅力を発信していく人が増えれば、今より多くの人を移住へ、そしてそこでの創業へと駆り立てていくことも期待される。

4　地域のこれからを担う当事者に

　移住創業は多様な働き方・暮らし方を実現する場になっており、移住先で活躍する創業者たちの姿も多彩である。とはいえ、事例でみた移住創業者たちは、勝手気ままに暮らしているわけではない。皆、地域の慣習を尊重し、移住前から継続的に地域とのかかわりをもって、地域に順応しようと心がけていた。それが、新しい場所で事業を展開していくうえでの肝になるからである。

　アンケートの分析からも、事前の備えが事業規模に影響し、地域との関係の深さが業績を左右することは明らかであった。しかし、同じくアンケートでは、移住先地域に暮らす人に事前に相談したり、交流を深めようとしたりしている人は少なかった。地縁のない場合は特に、移住前から住民とつながりをもつことは難しいと感じる人が多いのかもしれない。ただ、事例からわかるように、地域とのかかわり方はいろいろとある。行政のサービスを利用したり、何度か訪れたりするだけでもよい。移住創業という大きなライフイベントに踏み切る前に、地域への理解を深めるよう努めるべきである。

　移住創業者に期待されるヨソモノの視点も、地域のことを把握していればこそ発揮できるものである。やみくもに自身のやり方を貫こうとしても、住民はついてこないだろう。地域をよく知り、住民と十分に意思疎通したうえで、自分のスキルや発想をどのように生かせるかを考えるべきである。住民との関係が深まれば、おのずとその土地固有の課題がみえてきて、新たな事業の着想にもつながるのではないだろうか。

　そして、移住創業者が地域をよく知り、なじんでいく過程では、受け入れる側である住民の理解と協力が欠かせない。事例として紹介した9地域にはいずれも、移住創業者を積極的にサポートしたり、域内での交流を仲介したりする住民や団体、行政の姿があった。こうした機能を持続的なものにするためには、地域に対する愛着を次世代につないでいくことが大切である。

　移住創業者と住民が協調すれば、移住創業による効果は雇用創出や産業維持にとどまらない。町おこしの連鎖が生まれて地域の可能性は一層広がる。鹿児島県の頴娃町に移住した加藤潤さん・紳さん兄弟は、雑草が生い茂っていた海辺の公園を整地して、観光スポットにした。開聞岳を望む公園からの見晴らしは地元の人にとっては見慣れた景色だったが、都会から越してきた加藤兄弟にとっては絶景だった。今では、多くの観光客が撮影に訪れる。これをきっかけに、観光で町を盛り立てようという機運が住民の間で広がり、茶畑でグリーン・ティーリズムを行ったり、歴史ある神社を取り入れた観光ルートを企画したりしている。

　今回、移住創業者や支援団体の方々へのヒアリングを通して終始感じたのは、地域への思いの強さであった。出身地や事業規模の大小に関係なく、地域の将来を真剣に考えていた姿が今も印象に残る。地域に密着しながら望む働き方や暮らし方を追求する彼らの姿はいきいきと輝いており、その充実した様子に興味をもった人が集まり、地域にかかわる当事者の輪が広がっていた。誰もがどこからでもつながれるようになった高度情報通信社会の現代においても、要になるのは人なのである。　　　　　　　　　　　　　　　　　（桑本）

第3部

広がる移住創業の可能性
〜日本公庫・研究フォーラム2021より〜

本部は2021年11月26日に日本政策金融公庫総合研究所がオンラインで開催した、日本公庫・研究フォーラム2021「広がる移住創業の可能性〜地方創生、働き方改革、ポストコロナの結節点〜」の基調講演とパネルディスカッションの抄録である。

日本公庫・研究フォーラム2021

広がる移住創業の可能性

～地方創生、働き方改革、ポストコロナの結節点～

第1セクション　基調講演

「地方移住を促す構造変化」

國學院大學観光まちづくり学部観光まちづくり学科

准教授　嵩　和雄（かさみ かずお）氏

第2セクション　研究報告

「実態調査でみる移住創業者の特徴」

日本政策金融公庫総合研究所

主席研究員　桑本 香梨（くわもと かおり）

第3セクション　パネルディスカッション

「移住で夢を実現する起業家たち」

［パネリスト］

國學院大學観光まちづくり学部観光まちづくり学科

准教授　嵩　和雄 氏

株式会社コラレアルチザンジャパン

代表取締役　山川 智嗣（やまかわ ともつぐ）氏

一般社団法人ドチャベンジャーズ

丑田 香澄（うしだ かすみ）氏

［コーディネーター（司会）］

日本政策金融公庫総合研究所

研究主幹　深沼　光（ふかぬま ひかる）

■■
■
第1セクション　基調講演

「地方移住を促す構造変化」

國學院大學観光まちづくり学部観光まちづくり学科

准教授　嵩　和雄（かさみ　かずお）氏

東洋大学工学修士。地方移住に関する研究を長く行っており、著書は「移住者の地域起業による農山村再生」（共著）など多数。鳥取大学地域学部非常勤講師、立教大学観光学部兼任講師などを歴任。認定NPO法人ふるさと回帰支援センター副事務局長を経て、2021年4月より國學院大學研究開発推進機構地域マネジメント研究センター准教授に就任。2022年4月より学部開設に伴い現職。

地方移住の現状

　新型コロナウイルス感染症によってさまざまな状況変化が起こりました。今回はそのなかでも、地方移住を巡る状況が大きく変わりつつあることについてお話します。

　移住に関して、UターンやIターンという言葉を聞いたことがある人は多いと思います。最近ではそれ以外に、嫁ターン、孫ターン、あるいはJターンというような、さまざまな動きも出てきています（後掲スライド3）。このなかで注目してほしいのは、その地域にゆかりがない人があえて移住していくIターンです。Iターンをする人たちに対してどのようなサポートが必要になるのかといったことをぜひ考えていただければと思います。

　そもそも、移住者の定義が統一的に決められているわけではありません。わたしは、仕事や家族の事情ではなく、その人自身がライフスタイルを変えたい、暮らし方そのものを変えたいという目的を

國學院大學　准教授 嵩和雄 氏

もった転居を地方移住として考えるべきだと思っています（スライド4）。つまり、引っ越しとは違って、本人がどういった意思をもっているかです。

　よく事例として挙げるのが、友人のＴ先生です。神奈川県出身で新潟の大学にいたのですが、徳島に移りました。新潟から徳島に移ったとき、本人は引っ越しと言っていたのですが、その後、徳島市内から車で30分ほどの佐那河内村に移ったときは、移住したと言っていました。つまり、こういう暮らしをしたいという意思が前面に出たときに初めて移住と呼ぶのではないでしょうか。

　そして、行動に大きな影響を与えているのが社会情勢の変化です（スライド5）。例えば2008年のリーマン・ショック。当時は、東京にいても仕事がないので地方に向かう、どちらかといえば消極的な移住相談者が非常に多くいました。2011年の東日本大震災時は、とにかく首都圏から離れようとする、疎開的な考えが増えたのが特徴

でした。同時に、いわゆる田舎だけでなく地方都市を目指すという新しいニーズが出てきた点もまだ記憶に新しいところです。

　そういった流れを受けて、最近は田園回帰という言葉も出てきています。首都圏に暮らす若い人たちのなかには、地方に魅力や新たな可能性を感じて実際に起業したり、多拠点居住を選んだりする人も現れています。現在は、地方移住そのものがかなり一般化してきています（スライド6）。首都圏でのライフスタイルを変えたくないので、いわゆる田舎暮らしではなく地方都市に向かうような人たちと、完全にライフスタイルを変えたい、いわゆる田舎に住みたいという人たちは、必ずしも対立構造にあるのではなく、併存しながら二極化が進んでいるように感じています。

　ふるさと回帰支援センターへの相談者の傾向をみると、2008年のリーマン・ショック以降、東日本大震災や地方創生の動きに影響を受け、徐々に移住希望の相談件数が増えています（スライド7）。特に2014年に始まった地方創生の動きのなかで、全国の自治体が人口減少対策として移住者を受け入れる態勢を整備していったこともあり、地方に向かう人がかなり増えました。2020年の相談件数はコロナ禍の影響によって傾向が少し異なっていますが、相談自体は今後も増えていくとみています。

　特徴的なのは、リーマン・ショック以降、若い人の移住相談が増えた点です（スライド8）。消極的な移住相談が増えただけでなく、東日本大震災以降、小さいお子さんがいるような家族連れが地方に向かい始めています。また、近年は、20歳代から40歳代が全体の約7割を占めています。かつて地方移住といえばシニア世代のセカンドライフというイメージがありましたが、今は現役世代が地方に移

り始めています。そのため、移住先の仕事の有無が問われるように
なってきています。

　今、地方に向かう若い人のなかには、東京の価値が下がった、東
京よりも地方で暮らす方が可能性が広がる、という考えが出てきて
います（スライド9）。特にＵターンを考える人は、20歳代後半の
ライフステージが変わるタイミングでそのように考える傾向がある
ようです。背景にあるのは、インターネット環境の変化です。ス
マートフォンやSNSを通じて、地方や自分のふるさとの情報が絶
え間なく入ってくる。また、都市で暮らすことへの不安もあるので
しょう。コロナ禍で都市生活のリスクが表面化したことで、「リ
モートワーク移住」のような、転職を伴わない移住という選択肢が
初めて表に出てきたように思います。都内で狭い家に住むよりも、
1時間半ぐらいの通勤距離で、週1、2回の通勤であれば我慢できる
という考えで首都圏近郊に移る、という動きも明らかになってきま
した。

　今回、新型コロナウイルス感染症の影響で失業による消極的な移
住が増えてくるのではないかと予想していたのですが、思ったほど
増えてはいません。

移住を巡る課題

　地方に移住する人たちはそれなりの覚悟をもって地方へ向かうわ
けですが、今度は地方側が移住者をどう受け入れていくのかが課題
になってきます。地方移住を巡る問題としてはコロナ禍以前から大
きく三つ存在しています（スライド11）。一つ目が、なりわい、す
なわち仕事の問題、二つ目が住まいの問題、三つ目がコミュニティ、

いわゆる受け入れ態勢の問題です。

　本日メインでお話したいのが、なりわいの問題についてです。地方、特に農山村では、1次産業の担い手不足の問題が大きいです。移住先で就労を希望する人は非常に多い一方で、やりたい仕事がないというミスマッチや、仕事はあっても雇用する職場がないという大きな課題もあります。そこで、国や地方自治体は移住者に対して起業を勧め、支援する動きもだいぶ盛んになっています。

　二つ目が住まいの問題です。地方における大きな課題である空き家問題にも関係しています。空き家は貸せる状態にないという物件だけではなく、親族の反対があって譲ることができない、貸せないという物件もあります。自治体では、空き家バンクという制度を通じて空き家を掘り起こそうとしていますが、移住希望者に対して十分に住まいを提供できていないという課題はまだ残っています。

　三つ目がコミュニティ、つまり受け入れ態勢の課題です。新型コロナウイルス感染症によって、よそ者に対する不安がさらに高まった感があります。全国の自治体が人口減少対策として移住者を受け入れ始めたものの、地域ではまだ自分事になっていない。そういった側面が大きいのではないかと感じています。

地域資源を生かす

　なりわいを単に仕事と考えてしまうと個人の就労問題に帰結してしまい、受け入れる先のコミュニティの問題としてとらえにくくなります（スライド12）。地域側がこの問題に積極的にかかわるには、地域資源を活用したなりわいづくりを考えるべきです。地域のなりわいをつくるためには、就業や就農ばかりではなく、起業や継業と

いった発想も必要です。これらを地域づくりの戦略のなかでどう位置づけるかという点は、移住者を受け入れるうえで重要なポイントになります。

　ふるさと回帰支援センターのデータでは、移住後にどのような働き方をしたいかとの質問に対して、企業に雇用されたい就労希望者が圧倒的に多くなっています（スライド13）。一方で、注目したいのが自営業です。「新規」とあるのがいわゆる起業で、「継続」というのが、例えば東京でやっていた自営業の仕事を地方でもやりたいというものです。これらを足すと2割を超えており、1次産業への就労希望者を上回ります。この層をどのように増やすかもポイントです。

　そこで注目したいキーワードの一つ目が、ローカルワークです（スライド14）。地域への移住者は、ライフスタイルを変えたいという思いをもって移住してくるので、賃金などの条件だけでなく、やりがいや地方だからこそできる仕事を求めています。求人情報だけでは伝わらない地元企業の魅力をどのように掘り起こすか。北海道が以前取り組んでいたローカルワークのように、地域ならではの仕事の掘り起こしが重要になるのではないかと思います。

　二つ目のキーワードがマルチワーク、いわゆる複業です（スライド15）。ここで重要なのは、移住者がよそ者として地域課題をとらえるという、地域課題解決型の視点です。例えば、鳥取市の梅野知子さんは、鳥獣害という地域課題に取り組むに当たって、もっていた狩猟免許を生かして「ハンター民宿」を立ち上げました。ただ、それだけでは安定しないため、NPO職員としても働き、マルチワークで生計を立てています。

　そして移住者の起業です。1980年代から90年代にかけて非常に多かったのが、そば料理店やベーカリー、陶芸家です（スライド16）。ペンションもありました。最近では、自己実現を追求する本格的なものだけではなく、身の丈に合った小さいなりわいづくりもずいぶん増えています。例えば自然派のカフェやかわいいベーカリー、ものづくりでもクラフト系など、自分の趣味を生かしたなりわいづくりが若い人の間で増えています。また、地域の課題になっている空き家を自ら直してゲストハウスにするという DIY 型のゲストハウスづくりも広がってきました。

　若い移住創業者たちにコミュニティについてどのような意識をもっているのか聞き、キーワードを拾い上げると、ソーシャルやローカル、シェア、リノベーションといった言葉が出てきます（スライド17）。移住というと基本的に自己実現が前面に出てくるのですが、それだけでなく、地域に貢献したい、地域課題を解決したいという思いがあり、それが共創の地域づくりにつながります。

　6年ほど前に、友人たちと『移住者の地域起業による農山村再生』という本を書きました（スライド18）。地域での起業は、基本的には地域のなりわいづくりです。特に農山村では、移住者が地域資源を活用しながら、自己実現や生活の糧としてなりわいをつくることで、移住者による地域の新たな価値創造につながります。

　そこで重要なのは起業前の準備です（スライド19）。体験や研修を通して、地域のなりわいの枠組みや、就業の局面をもっているかを理解していく。起業前の準備を通じて、地元のサポーターやコーディネーター、世話人のような人たちとの関係をどのようにつくっていくかが非常に重要になってきます。

　ゼロから関係をつくり、ニーズを把握し、顧客もゼロからつくっていかなければいけません（スライド20）。国や自治体は起業家支援を進めていますが、支える人たちをどう育てていくのかも考えなければなりません。起業前の準備段階で世話人や後見人になれる人が地域にいない限り、起業支援はうまく機能しないのではないでしょうか。

継業によるなりわいづくり

　注目したいのは、地域における後継者不足の問題です。休廃業・解散件数と倒産件数を比較すると、前者の数が増えています（スライド21）。経営者の高齢化や人材不足など、複数の要因がありますが、地域に必要ななりわいをどう残していくか、考えていく必要があります。

　地域のなりわいを移住者が継ぐ継業といった考え方も出てきています（スライド22）。もともとあるなりわいなので、地域側にとってイメージがしやすく、地域づくりの戦略に位置づけやすいメリットがあります。移住者にとっても、経営基盤である店舗や顧客をそのまま引き継げますし、よそ者の視点を生かして地域資源を再活用することができます。地域にとって必要なのは、地域の暮らしを継承していく担い手づくりです。その点で継業という考え方は、今後重要度を増すと思います。

　例えば、秋田県由利本荘市では、後継者不足に悩んでいる企業や店舗を行政が支える取り組みをしています（スライド23）。スライドの写真左側のベーカリーは、70歳を過ぎた老夫婦が経営していました。店がなくなると焼きたてのパンが食べられなくなる、もった

いない、というところからスタートして、秋田市の方が移住して引き継ぐことになりました。

　同じく右の写真のカフェにも、引き継ぎたいという移住者が現れました。カフェで働いた経験のない愛知県の方です。前のオーナーの下で修業する並走期間を設けたうえで地域のなりわいを継ごうとしています。

　最近、継業は注目を集めています。雑誌でも紹介されるようになっているほか（スライド24）、行政の施策として位置づけるところも出てきています（スライド25）。例えば、和歌山県ではわかやま移住者継業支援事業を始めています。岐阜県では商工会議所と連携し、「あとつぎデータベース」をつくっています。富山県氷見市では、移住者自身が継業を紹介するホームページを始めました。地域での働き方の一つとして、例えば和菓子店やイタリアンレストランを継ぎませんか、といった動きが進められています。

　民間では継業の全国的なプラットフォーム整備も進んでいます（スライド26）。地域のなりわいの種を何とかして残していきたいという思いから、さまざまなサイトが立ち上がっています。

　また、地域のメイン産業である1次産業も担い手不足に直面しています。マルチワークと絡めてそれらを継いでいこうとする動きも出てきています。農業では農地をどう用意するかという問題がありますが、住まいの話も絡んできます。例えば、徳島県勝浦町にあるみかん農家の後継者募集のチラシです（スライド27）。チラシを見たのが、移住してゲストハウスを始めようと考えていた若い夫婦でした。複業はまったく考えていなかったそうですが、研修を受けて後継者として認めてもらえれば、農地だけでなく住宅や農機具も引

き継ぐことができると知り、手をあげました。今ではこの農家を継ぐだけではなく、ゲストハウスを運営し、古本屋やカフェなど、さまざまなマルチワークを駆使しながら、収益を増やしています。

移住者が地域の価値を高める

　わたしは移住創業を地域の価値を高めるなりわいづくりととらえています（スライド28）。移住者は、基本的にはよそ者です。よそ者に期待されているのは、「他者のまなざし」です。よそ者である移住者が地域に入ることで、その地域に住んでいた人だけでは気づかなかった魅力や地域の価値をみつけられる。これが移住者の役割だと思います。それだけではなく、地域の誇りを育み、都会で培った知識を地域に伝えることも移住者の大きな役割です。

　移住者によるなりわいづくりを通じて、コミュニティの新しい戦略をつくっていく。まさしくこれが新たな価値創造であり、地域の価値を高めることにつながるのではないかと感じています。

【参考資料】

（スライド1）

20211126　日本公庫・研究フォーラム2021

「地方移住を促す構造変化」

國學院大學
観光まちづくり学部観光まちづくり学科

准教授　嵩 和雄

（スライド2）

地方移住をめぐる現状

資料は、基調講演の際に投影したスライドである。内容は、2021年11月26日時点のものである。

（スライド3）

変容する地方移住の形

Uターン	地方出身者が都会に出たあと、もともと住んでいた地方に戻る	**嫁ターン**	都市出身者が地方の奥さんの出身地に移り住む（奥さんにとってはUターン）
孫ターン	都市出身者の孫の世代が祖父母の住む地方に移り住む	**Xターン**	離婚後に親元に移り住む
Iターン	都会出身者が縁のない地方に移り住む	**Jターン**	地方出身者が都会に出たあと、出身地でない近隣地域に移り住む
二地域居住 二拠点居住	都会を軸足とした週末移住から、地方を拠点にしたマルチハビテーションに変化	**アドレス ホッパー**	拠点を持たずに、ゲストハウスやシェアハウスなどを転々として暮らすフリーランス

（スライド4）

「移住」とはなにか？

あらためて「移住」とは

『仕事や家族の事情ではなく「暮らし方そのものを変える」という目的を持っての転居』
・・・目的ではなく「手段」

・引越し：「住む場所」を変えること
　・住む場所以外は何も変わらない
・移住：「生活スタイル」を変えること
　・生き方・暮らし方そのものを変える行為

　距離や住環境だけでは判断できない、本人の意思にもとづく行為

Tさん（大学教員）の
ケース

神奈川県出身：自称「湘南ボーイ」
・新潟県の私大教員から徳島県の国立大学に**転職**。

新潟県長岡市→徳島県徳島市へ
　　　　　・・・**引越し**

徳島市内→約30分の佐那河内村へ
　　　　　・・・**移住**

（スライド5）

社会情勢の変化による移住スタイルの変容

移住を考えるきっかけ → 今の生活への**不安**や**不満**

リーマン・ショック ・・・「消極的移住」
➢ 就労の場を求めて田舎へ（一次産業）

現状の暮らしへの
不安・不満

東日本大震災 ・・・「疎開的移住」
➢「田舎」から「地方都市」へ

地方暮らしの魅力
+α

田園回帰 ・・・「積極的移住」
➢ Uターン、起業、多拠点居住

（スライド6）

一般化する地方移住

「田舎暮らし」ではない「地方暮らし」の発見
・・・第二の "DISCOVER JAPAN"
• 東日本大震災を契機とした首都圏からの脱出組
• 地方移住そのものの含意が広くなる

ライフスタイルを極端に変えたくない
"疎開的移住者"
➡ 地方都市へ
の関心
VS
ライフスタイルの変革を望む
"アメニティ・ムーバー"
➡ 農山村への
関心

（スライド7）

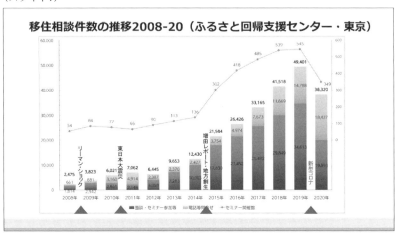

（スライド8）

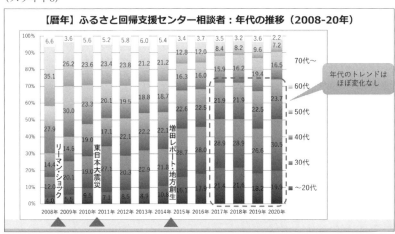

（スライド9）

都市住民の「価値観」と「移住の概念」の変化

都市の価値の低下

若者の地方志向（Uターン志向） 20歳代後半〜 … ライフステージの転換期
- スマートフォン・SNSの普及 → 途切れない人間関係と情報の同時性
- 結婚〜出産〜子育て等、中長期的な将来設計を考える時期
  → 相対的に **「東京」の価値が下がる**タイミング

東日本大震災〜新型コロナ … **都市生活への不安と現状の住まいへの不満**
- 都市生活のリスクが顕在化 ※ 都市＝人口規模が大きい、密度が高い、異質性・移動性が高い
- リモートワーク移住
  - 転職を伴わない移住（出社を前提としない働き方）
  - 1時間半程度の通勤時間は許容（週に2日程度の出勤）
- 消極的移住
  - 経済情勢の悪化による失業者の増加
    - 生活コストを下げるための移住、一次産業、地域おこし協力隊等への就労

（スライド10）

移住をめぐる課題（コロナ禍以前）

（スライド11）

移住にあたっての３つの課題

なりわいの課題　一次産業の担い手不足・やりたい仕事がないミスマッチ
➤ 圧倒的に多い「就労」希望者　・・・「仕事」はあるが「職場」がない
➤ 「雇用」から起業・継業へ　　・・・起業のケースでも「多業」「複業」

すまいの課題　急増する地方の空き家 ＶＳ 借りたいけど借りられない都市住民
・圧倒的に多い賃貸ニーズ・・・空き家所有者の心理的・金銭的ハードル
　・心理的ハードル（知らない人に貸したくない、貸し出す抵抗感）
　・金銭的ハードル（大家として住宅の改修費用が出せない）
・流動化しない「空き家」に対しての施策・・・空き家バンク

コミュニティ（受け入れ体制）の課題
・地域住民の意識・・・ヨソモノへの不安
・自分ごとにならない・・・現状認識不足（現実逃避と諦念）

（スライド12）

「なりわい」という考え方

「仕事」の問題として考えてしまうと、移住者個人の就労問題となり農山漁村のコミュニティの問題としては捉えられにくい。

　　→農山漁村側がこの課題に積極的にかかわるには、**地域資源を活用した「なりわい」**という捉え方が重要。

キーワード：ローカルワーク・マルチワーク・継業

地域のなりわいづくり
　就業（就農）だけではなく起業や継業という発想と仕掛けづくり ⇒ 地域づくり戦略において重要なポイント

（スライド13）

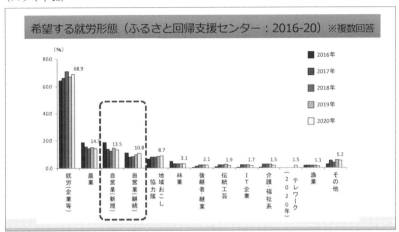

（スライド14）

（スライド15）

マルチワーク（複業）によるなりわいづくり

ロヨソモノ × 地域課題解決　　ハンター民宿 BA-BAR　鳥取県鳥取市　梅野知子さん

中山間地域の課題となっている
「鳥獣害」という課題を解決したい

- 学生時代に取得した狩猟免許を活かし「ハンター民宿」として起業。
- NPO職員とのマルチワーク

（スライド16）

移住者の起業：ビジネスイメージの変化

自己実現の追求→本格志向　　　　　　　**身の丈にあった起業**

・そば屋（手打ち） ・パン屋（天然酵母） ・陶芸家（自己流） ・ペンション（自慢の料理）	・カフェ（自然派） ・パン屋（かわいい系） ・ものづくり（クラフト系） ・ゲストハウス（DIY型）

& 上記をミックス

（スライド17）

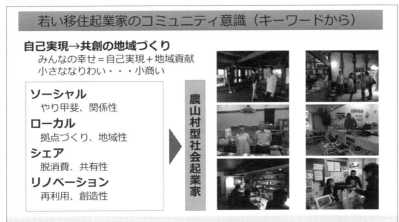

（スライド18）

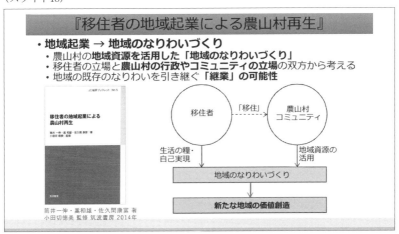

（スライド19）

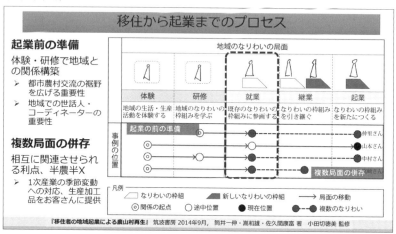

（スライド20）

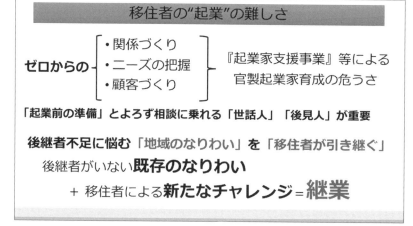

（スライド21）

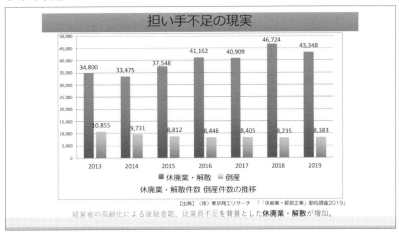

（スライド22）

275

（スライド23）

（スライド24）

（スライド25）

（スライド26）

（スライド27）

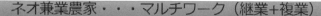
ネオ兼業農家・・・マルチワーク（継業＋複業）

みかん農家の廃業（後継者不在）→ 地域の課題×移住者のなりわい

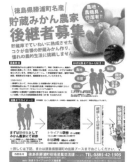

新規就農のネックとなる「農地」「住まい」「販路」を継承
→ 農家の継業 ＋ ゲストハウス ＋ 古本屋
　＋ カフェ ＋ 床貼り ＋ テントサウナ etc

「みかん農家の宿 あおとくる／古書ブン」https://aotokuru.com/

（スライド28）

「移住創業」＝ 地域の価値を高めるなりわいづくり

移住者の役割

期待される「**他者のまなざし**」⇒「交流の鏡効果」

・意図的に仕組むことで都市住民が「鏡」となり、地元の人々が地域の価値を都市住民の目を通じて見つめ直す効果を持つ。
　➢地域資源の再発見
　➢誇りの涵養・醸成
　➢知識の移転

同様の視点は「なりわいづくり」においても重要

・移住者のなりわいづくり × 新しいコミュニティの戦略＝**新たな価値創造**

第3セクション　パネルディスカッション
「移住で夢を実現する起業家たち」

[パネリスト]

國學院大學観光まちづくり学部観光まちづくり学科

准教授　嵩　和雄（かさみ かずお）氏

株式会社コラレアルチザンジャパン

代表取締役　山川　智嗣（やまかわ ともつぐ）氏
　富山県富山市出身の建築家で、中国上海市で共同経営者と「トモヤマカ
ワデザイン」を経営。2017年に、富山県南砺市井波で㈱コラレアルチザン
ジャパンを立ち上げ、地元の工芸職人に弟子入りできる宿「Bed and Craft」
を開業。井波の文化・伝統継承のための活動にも参加している。

一般社団法人ドチャベンジャーズ

丑田　香澄（うしだ かすみ）氏
　秋田県秋田市出身。経営コンサルティング会社を経て、2012年に産前産
後の母親を応援する（一社）ドゥーラ協会を共同設立。2014年、夫と娘と
秋田県五城目町へ移住。廃校活用のシェアオフィス「BABAME BASE」を
運営する（一社）ドチャベンジャーズで、移住や創業をサポートしている。

[コーディネーター（司会）]

日本政策金融公庫総合研究所

研究主幹　深沼　光（ふかぬま ひかる）
　1987年大阪大学経済学部卒業、国民金融公庫（現・日本政策金融公庫）
入庫。大阪支店、中小企業庁、郵政研究所、米国留学（ロチェスター大学
ビジネススクールMBA）、東京大学社会科学研究所客員助教授、総合研究
所主席研究員などを経て、2018年4月より現職。

地方創生と移住創業

（司会） 本日の研究フォーラムでは副題として地方創生、働き方改革、ポストコロナという三つのテーマを挙げています。そこでまず山川さんから、地方創生の観点を踏まえながら、富山県南砺市井波と、ご自身のビジネスについてご紹介ください。

（山川） わたしは富山市出身で2009年に中国の上海に渡り、そこで6年半暮らし、2016年に富山県の南砺市井波に移りました。上海では建築事務所に勤めていました。スタッフの半分は米国や欧州、そのほかは中国の方々という環境で、日本人はわたし一人でした。勤め先のトップは馬清運さんという中国人建築家でした。出身は中国の西安です。彼は建築家として成功した後、有力な産業がなかった西安でワイナリーを立ち上げ、世界で売れるワインづくりを目指します。建築家として成功していながら、地域の経済を支えるようなビジネスを新たに始めたことに、わたしは強くひかれました。通常、建築家は仕事を請け負う側です。それにもかかわらず、自ら産業をつくっていく姿勢に非常に驚いたのです。

　現在、わたしが住んでいる井波は南砺市の北部にあります。木彫刻の町といわれ、約8,000人の人口のうち200人ほどが彫刻師というとても珍しい地域です。井波の彫刻師の多くは、全国の寺社仏閣の建築や修復にかかわっています。

　コラレアルチザンジャパンは「お抱え職人文化を再興する」というスローガンを掲げています。今まで地域で支えていた職人を日本全国、全世界の人が支えていくような仕組みをつくりたいと考えています。例えば、ニューヨークやパリに住む人が井波に住む職人を「マイ職人」として応援する、といった世界をかなえ

㈱コラレアルチザンジャパン　代表取締役 山川智嗣 氏

　たいのです。そのために職人とわたしたちが手を組み、新しい価値を提供することを目指します。わたしは、事業として建築設計やデザイン関係、空き家のリノベーションなどを手がけています。それに加えて、当社は「Bed and Craft」という一棟貸しの宿泊施設や飲食店、「季の実」という物販店などを井波で9施設運営しています。

　Bed and Craft は、「職人に弟子入りできる宿」をコンセプトにしています。3人の職人の協力を得て、職人の指導の下でものづくりを経験するという新しい旅のかたちを提供しています。町のなかにある工房を訪ね、ものづくりの手ほどきを受けることで、職人の生業や生活をしっかりと感じることができるのです。

　また、Bed and Craft では遊休不動産を活用しているため、空き家を丸ごとリノベーションして1棟貸しのホテルにしています。例えば、建具屋だった建物を改修し、畳敷きだった部屋にソファ

を入れて、外国人でもくつろぎやすい空間をつくるという具合いです。

　宿泊客にとっては地域の人々の優しさやおもてなしも魅力になりますので、泊食分離を掲げ、宿泊以外の食事や買い物を地域のなかで行ってもらい、地域内経済を循環させようとしています。

　京都大学の稲垣憲治先生の「地域付加価値創造分析」によれば、当社の取り組みは地域の稼ぎを増やすといわれています。よく耳にする経済効果という言葉は、生産ベースの考え方です。例えば、オリンピックを誘致したからどれだけ建物が建ち、車が売れるのかというものです。これは地域にどれだけお金が落ちたかという指標ではありません。

　一方、地域付加価値は、どれだけ地元で雇用される人の稼ぎになったか、地元行政や地元企業の稼ぎになったかという考え方です。当社では、地元の住民を雇用し、地方税は南砺市に納め、リノベーションや提携はすべて地元の職人に依頼しています。このような取り組みを重ねることで、駅前によくみられる従来型のチェーンホテルを誘致するよりも、Bed and Craft の方が7.5倍の利益を地域にもたらすといったデータもあります。地域活性化のためには当社のような事業が必要不可欠なのだと思います。

（司会） ところで、コラレアルチザンジャパンとはどういう意味なのですか。

（山川）「コーポレート・レア・アルチザン・ジャパン」を略したものです。希少な職人と協働することで価値を創出する会社、という意味を込めています。長い名前ですが、当社の取り組みが有名になり覚えてもらえるとありがたいです。

働き方改革と移住創業

（司会）　次に働き方改革についてうかがいます。山川さんは移住し創業されていますが、ご自身の働き方で変わったことはありますか。

（山川）　創業以前、わたしは東京やバンクーバー、上海などの大都市を渡り歩いて働いてきました。そこから田舎に移住して働くうちに、働き方には2種類あると感じるようになりました。「火の働き方」と「水の働き方」です。火の働き方とは、働き方を自らの意思でコントロールするというものです。例えば都会で働いていると自分の意思でタクシーや電車に乗り移動して仕事をします。水の働き方とは、自分ではコントールできない環境や自然を受け入れて仕事をするというものです。わたしの住む井波は豪雪地帯です。朝、出勤しようとすると目の前が真っ白で身動きできない。都会の電車で移動するように精緻なスケジュールを組むことなんてできません。コントロールできない自然と緩やかに共存しながら生活をし、仕事をする。移住してからは、水の働き方が身につきました。

（司会）　次に丑田さんにお話しいただきます。お住まいの五城目町と、移住創業支援の活動について教えてください。

（丑田）　わたしは秋田市出身で、現在は五城目町で子育てをしながら過ごしています。大学進学時に東京に移り、そのまま東京で就職しました。その後、出産後の母親を支援する一般社団法人ドゥーラ協会を助産師たちとともに立ち上げました。この法人では産後の母親をサポートする「産後ドゥーラ」と呼ばれる人を育成する仕組みをつくっており、一部の自治体では公費補助も導入されています。

　ドゥーラ協会設立後の2014年、この法人で理事を務めながら秋田

一般社団法人ドチャベンジャーズ　丑田香澄 氏

県五城目町に移住し、地方の移住創業を推進する活動を始めました。五城目町は秋田市の北30キロメートルに位置する中山間地域で、人口は約8,600人、高齢化率は県内第3位の約51％です。520年ほど前に始まった朝市がまだ残っていたり、創業333周年を迎えた酒蔵があったりするなど歴史がある町です。

　五城目町への移住のきっかけとなったのが、当時、役所が運営していた BABAME BASE というレンタルオフィスです。廃校となった馬場目小学校の校舎を活用したものです。良質な雇用の場をつくりたいものの、従来から取り組んでいる工場誘致のみでは限界があるため、地域に根差して育っていくベンチャー企業の拠点にしようと整備されました。小さくても多様な挑戦者を誘致しようと活動する役場と、夫が東京で創業した教育関連の企業との間に接点が生まれたこともあって、一家で移住を決めました。同時期に BABAME BASE を拠点に雇用創出、移住、定住促進を目的として活動する

地域おこし協力隊の募集がありました。そこでわたしも東京出身の仲間と協力隊に加入し、移住創業に関する取り組みをスタートしました。

　活動当初、小さな町から世界へと突き抜ける大きな規模で活動したいと思い、仲間たちと「世界一こどもが育つまち」という合言葉を決めました。わたしが五城目町で活動を始めて2年目になる頃、移住創業者や秋田の起業家、農家、協力隊でかやぶき屋根の古民家を活用したシェアビレッジをオープンしました。都会と田舎が相互交流する会員制のコミュニティとして、移住とは違ったかたちで田舎とかかわれる場ができました。その結果、シェアビレッジから多くの移住者や起業家が生まれていきました。

　このシェアビレッジのように地域に根差して事業を生み出す田舎発の起業スタイルをわたしたちは「土着ベンチャー」、略して「ドチャベン」と呼んでいます。県の補助事業を活用しながらドチャベンの育成プログラムを運営するうちに、東京や大阪などから起業家が徐々に移住してくるようになりました。外から人が来ることで地元にも刺激が与えられ、地域の人、とりわけ女性がいきいきと活躍する環境が整い始めました。そしてわたしたちが女性の起業の第一歩を支援するプログラムを開催したことで、地域の女性たちによる起業も増えてきました。

　また、土着資源である朝市にも着目し、協力隊と子育て中の母親たちなどで団体を組織し、町とともに「朝市 plus ＋」の取り組みも始めました。女性や若者が朝市に出店できる挑戦の場として始めたものです。朝市 plus ＋で出店チャレンジをした人が中心となり、朝市を開催している通りの近くの商店街の遊休不動産をリノベー

日本政策金融公庫総合研究所　研究主幹 深沼光

ションし、アートギャラリーやカフェ、「ただの遊び場」などの起業が相次ぎました。

　「世界一こどもが育つまち」を体現すべく、五城目町の次世代を担う人を地域で育てる、という視点で教育や子育て支援活動にも注力しています。国際教養大学の留学生とともに小学校で国際社会や地域に関連する授業をしたり、町内に1校しかない小学校の新校舎建築を町民で考えたり、地域の人を講師とした自然探検ツアーを開催したりするなど、地域に根差した活動を提供しています。このような取り組みが進むにつれて、国内外の学生、起業家、研究者、芸術家たちが当たり前のように田舎町に存在するという環境が生まれつつあります。

　これらの活動の結果、子育て世帯が増え、BABAME BASE の入居企業は延べ37社になったほか、町内での起業も増えてきています。これが活動開始8年目の実績です。わたしの所属するドチャ

ベンジャーズは、移住や定住、起業を支援するための団体です。BABAME BASE に入居しており、同じ建物に入居するバラエティ豊かな企業とともに活動しています。五城目町は特段有名な産業があったり観光地があったりする町ではありません。それでも起業などさまざまなことに挑戦するよそ者である移住者と地域の人との間で自然発生的に化学反応が起きて、多様で内発的な挑戦が連鎖し、町での暮らしを楽しむ人が増えてきています。

　「世界一こどもが育つまち」には、子どもだけではなく、子どもに背中を見せる大人も、子ども心を取り戻していろいろなことに挑戦してほしいという思いを込めました。大人とともに次世代を担う子どもが育っていってほしいと思っています。秋田県は人口減少率や高齢化率が最も高い県です。だからこそ、世界に新しい価値観や事例を提供できるようなプレイフルな町づくりを目指しています。

（**司会**）丑田さんは秋田市から東京に出て、その後、五城目町に移ってきました。それによってご自身の働き方やワークライフバランスに変化はありましたか。

（**丑田**）ワークとライフの垣根が溶けるような機会が増えたと感じています。BABAME BASE はいわゆるオフィスという感じはなく、平日でも大人と子どもが入り乱れています。数日前に入居企業が株主総会を開いたのですが、そこには子どもたちがたくさんいました。野菜のカブを抜いて、皆で食べる会だったのです。

　幅広い職業や属性の大人が誇りをもって仕事をする姿と全力で遊ぶ姿の両方を子どもに見せられる環境が当たり前のようにあります。天気が良いから、朝、山に登ってから仕事をしよう、雪が降ったから雪で山をつくって温泉で汗を流してから仕事をしようという

ことも珍しくありません。日中がオン、夜がオフというような枠組みを外して、自然環境に合わせて臨機応変に柔軟な過ごし方ができるようになりました。また、ワークとライフのはざまのような共助の部分を大切にするようになりました。地域の人の田植えや稲刈りに協力したり、お祭りの大名行列に参加したり、町内会の活動にかかわったりすることです。

移住創業の課題と対応策

（司会） お二人の話から移住の魅力が伝わってきたのではないかと思います。一方で、よそ者として地域に入っていくことは簡単ではありません。ビジネスを始めるに当たり、地域とどのように関係を構築したのでしょうか。

（山川） 地域の人からみれば、よそ者は怖い存在だと思います。逆の立場であれば、わたしもよそ者は怖いと考えるでしょう。そこで創業するに当たって、自分の人となりを知ってもらうための努力を丁寧にやっていきました。地域の自治会長や商工会の会長といった人たちに対しては、ビジネスプランをプレゼンして回りました。

　また、地域の職人から信頼してもらうために、Bed and Craft の館内に職人たちのギャラリーをこしらえ、作品を見てもらえる機会をつくるようなこともしています。1棟につき1人の職人を迎え、「マイギャラリー」として利用してもらっています。現在は6棟で6人の職人が思い思いに作品を展示しています。

　こういう取り組みをしていると、公共団体と営利団体のどちらでも対応できないような問題が出てきます。そこでまちづくりのための団体としてジソウラボという一般社団法人を立ち上げました。

（丑田）わたしは移住後、移住者と地域住民が語り合う機会をつくる活動を始めました。町で何をしたいか、何をすればともに楽しめるかなどが活動のテーマです。移住者は自己紹介をして、地域住民の方には思いを語ってもらうところからスタートし、気負わずに参加してもらえることを意識しました。例えば、気軽に来てもらうために、流しそうめんをしながら、皆で町のことを話し合うイベントを企画したこともあります。朝市に子どもが集う風景を見たいという意見も、移住者と地域住民が協力し、実現することができました。

　また、移住者と地域住民とを区別しすぎないことも大事だと思っています。住民側が移住者に対して地域の課題を解決してくれると期待しすぎたり、移住者側が地域に溶け込もうと意識しすぎたりすると、人間関係がする・されるの構造になってうまくいきません。移住者は外の風を運べるし、地域住民は地域の良さを伝えられる。それぞれの知見をシェアして生かし合う関係を築くことが重要です。

　移住者は、この町に住みたくて引っ越してきた。でもこの町にはサッカーやキックボクシングの教室がないから自分で始めてみる。その結果、地域になかったスポーツの新しい機会を提供することになり、喜ぶ地域の人がいる。一方で、地域住民が、教室に子どもが集まっているからとお菓子をもってきてくれる。そこで地域住民が子どもたちと仲良くなり、稲刈り体験に誘ってくれたり、ホタル観賞に連れて行ってくれたりするようになる。地域の人が地域で暮らしてきたからこそ知っていることを提供してくれるようになり、移住者も喜ぶ。

　このように暮らしでも遊びでもビジネスでも研究でも、お互いがやりたいことを持ち寄り、ともにつくることでかかわりが深まる、ということを繰り返して関係ができていくのだと思います。

移住創業を成功させるポイント

（司会）お互いに知り合うこと、仲間として認め合うこと、そして最後に肩の力を抜いて付き合える関係になることの大切さがよくわかりました。

　ここで嵩先生に、移住創業を成功させる方法や、移住創業を志す人が気をつけることについてうかがいたいと思います。

（嵩）移住するだけでも大変なところに、さらに創業するという二つのハードルが存在するわけですが、やはり移住を決断する前に、現地をしっかり訪問してほしいと思います。秋田であれば冬に行って雪かきの大変さを体験するなど、移住の前に地域の状況をよく知ってもらいたいです。

　また、フリーランスや企業経営の経験がなければ、一度現地のなりわいに参画した方がよいと思います。アルバイトでも構いません。現地のなりわいを通して地域のことを知る。あるいは自分のやりたいことを支えてくれる人を見つけ出す。これも大切なことだと思います。そのなかで、丑田さんのように、自分のやりたいことを知ってもらう努力が必要になってくるでしょう。

　さらに、地域のキーパーソンを見つけることも重要です。移住する際、誰に先にあいさつに行けばよいか悩むことがあります。順序だけでなく、「俺のところにはあいさつがなかったじゃないか」とトラブルになることも少なくありません。

國學院大學　准教授　嵩和雄　氏

（司会） わたし自身も、取材に行くときには一番厳しい季節に行く方がよいと先輩から教わりました。例えば丑田さんがお住まいの秋田県も山川さんがお住まいの富山県も行くのであれば、冬の厳しい時期に行った方がわかることもあるのではないかと思います。それからサポーターを見つける、キーパーソンを探し出すことも非常に重要であるとわかりました。

　今のお話は移住創業者の立場からみたものですが、地方創生を目指して移住者、移住創業者を積極的に受け入れたい自治体は全国にたくさんあると思います。自治体や地域が移住先として選ばれるには何が必要で、どういう点に気をつければよいのでしょうか。

（嵩） 地域側がオープンであることが大切です。ここでいうオープンであるとは寛容さがあり自然体であるということです。地域側に構えられてしまうと移住者も構えてしまいます。それが続くと両者とも疲れてしまうので、お互いに自然体であるべきです。来る者拒

　まず、去る者追わずといった感覚がある方が、居心地の良い地域に
なれると思います。居心地の良いところには結果的に人が集まって
きます。そのなかで移住者と地域の方がつながりをつくっていけば
よいのではないでしょうか。

　また、BABAME BASE のような、そこに行けば誰かに会える、
相談できるというリアルな場をつくることも重要です。そういった
場所があれば、移住創業者が仲間をつくりやすくなります。

　そして考え方です。地方の場合、仕事がなければ企業を誘致すれ
ばよいという考え方になりがちです。ただ、人口が減れば、働き手
もいなくなります。企業よりも起業家を誘致して、小さいなりわい
を増やしていった方が地域の発展へつながります。

コロナ禍が移住創業に与えた影響

（司会） 2020年以降、全国の中小企業は新型コロナウイルス感染症
の影響を大きく受けています。当研究所が実施する景況関連の調査
でも、そのインパクトがリーマン・ショックや東日本大震災を上
回っているというデータが得られています。

　宿泊施設を運営している山川さんの場合、特に影響が大きかった
のではないでしょうか。

（山川） コロナ前に宿泊者全体の7割を占めていたインバウンドがコ
ロナの影響でゼロになってしまい、一時はかなり焦りました。

　インバウンドの長期滞在需要がなくなってしまい、代わりにマイ
クロツーリズムの概念が入ってきました。近隣から来た人は滞在時
間が短くなりがちですが、なるべく長く滞在してもらいたい。その
ために、まずは自分たちが町の魅力を再発見するべきだと考えるよ

うになりました。そこでいろいろな場所を訪ね、ヒアリングし、魅力を深堀りしました。

そして、自転車で町を回るツアーなどを企画し、隣の町から来た人にも井波のことをよく知ってもらう取り組みを始めていきました。今では富山県を含めた北陸地方からの宿泊客が全体の7割以上になっています。

（司会） 丑田さんが支援している先にはさまざまな業種があると思います。新型コロナウイルス感染症の影響はいかがでしたか。

（丑田） コロナ禍をきっかけに事業内容を大きく転換した企業はたくさんあります。その一方でポジティブな変化もあったように思います。オンラインの活用が一般化したことです。わたしもきのうは、秋田で子どもが遊んでいるのを見ながら、関西の方とオンラインで会議をしていました。

単にオンライン会議が普及しただけではありません。例えば教育関係の事業では、オンラインを活用して海外とネットワークを構築する新しい展開が出てきています。ベトナムを歩いている様子をオンラインで日本の小学校に中継し、子どもたちがリアルタイムで現地と交流するような授業を提供する企業も現れています。

大学でもリモートで授業を行うところが増えました。通学にかかる時間がなくなったことで、インターンなど、町のなかで活動する学生も増えていると思います。町内に大学はありませんが、きのうも大学生が BABAME BASE に顔を出してくれました。聞くと、コロナ禍で自由な時間が増え、秋田でじっくり活動して、社会の変化を感じられるようになったとのことでした。オンラインが一般化したことで新しい可能性が広がったように感じます。

　それに加え、コロナ禍をきっかけに移住を選択した人も少なくないように思います。BABAME BASE も、新たに移住してきた大学教員や医師、シェフ、起業家などを仲間に迎えました。

　また、海外に渡航するカリキュラムをもっていた大学のなかには、行き先を海外から日本の地方都市へと変えたところもあります。五城目町に1カ月間滞在して地域の特性を学ぶという授業をしている大学もあり、町に新しい層が入ってくるきっかけとなりました。ほかにも、大学との連携授業などが同時並行で進んでいます。この流れを受けて、学生が滞在できる施設として多拠点教育ハウスをつくろうという計画も持ち上がってきています。

　もちろん、ポストコロナには、遠方の人を呼び込むような活動も盛んになってくるでしょう。しかし、マイクロツーリズムや、秋田市に暮らす人が五城目町の農業に参加するといったような近隣との関係構築の流れも続いていくのではないでしょうか。

　また、コロナ禍は、外から人を呼び込む活動だけではなく、地域の朝市や温泉など、自分たちの足元にある地域の暮らしを、自分たちの力でより良くするための投資やかかわりに目が向くようになっています。

ポストコロナの移住創業

（司会）オンラインの活用により、地方の魅力を伝える手段が増えたといえるのではないでしょうか。

　次は、ポストコロナの話についておうかがいします。コロナ禍を経験したことで、今後の移住創業の動きは今より活発になるのか、あるいはビジネスのスタイルが変わるのでしょうか。

（嵩）非常に難しいテーマです。間違いなく言えるのは、リスク分散の意識が高まっていることです。例えば、コロナ前にはゲストハウスを始めたいと考える若い人多くいました。ただ、コロナ禍でインバウンドを含む旅行客がいなくなり、ゲストハウスはほとんど休業状態になってしまいました。すると、生活のためにプラスアルファの収入源を確保する必要に迫られます。そこでマルチワークをする人が増えました。ポストコロナでも、マルチワークをする人が増えていくように思います。マルチワークとまではいかなくても、地域のなかで副業として、本業とは別の仕事をもつことが、今後重要になるでしょう。

　また、オンライン化の動きは今後も進んでいくと思われます。便利なものを一度経験すると元には戻れません。今後もリアルなイベントとオンラインを併用する流れは加速していくでしょう。業種にもよりますが、オンライン化の流れが進むと、田舎に住んで都会の仕事をするリモートワーク移住がある程度増えてくると思います。リモートワークであれば自由な時間が増えます。今後はリモートワーク移住者が空き時間を活用して地域に貢献するという副業のスタイルが注目されるのではないでしょうか。

　リモートワークにより残業が少なくなれば残業代に代わる収入をどのように稼ごうかと考える人もいるでしょう。国の方針として会社員の副業を認めていく方向にありますので、地域課題を解決したい、地域資源を有効に活用したいという思いを起業で実現する人も出てくると思います。

（司会）移住者は必ずしも創業するために移住を選ぶわけではありませんが、移住した後、ビジネスを始めてみようと思い移住創業者

へと変わっていく可能性は十分あると思います。リスク分散のためのマルチワークや副業は、移住創業だけでなく、コロナ禍を経験した中小企業や新規開業者にも必要な考え方ではないかと思います。

　続いて丑田さんと山川さんにもポストコロナの展望をうかがいたいと思います。

（丑田） これからは若い世代がキーワードになると考えています。小さいなりわいが少しずつ成長して、1人でも2人でも雇用を生むことができるようになれば、地域内で多様な職場を選べるようになります。地域の高校を卒業したり、大学卒業後は五城目町に戻ろうと考えたりしている子どもたちに対して、田舎であっても多様な職種を選べるようにしていきたいと考えています。

　雇用の面だけでなく、若い人に地域にかかわってもらえる、若い人を巻き込んでいく取り組みにも力を入れています。県が進めている国内留学の仕組みで、県外から地域に来る子どもが増える予定です。現在、市民大学のさとのば大学の学生、地域の大学生、授業の一環で来てくれる国際基督教大学や東京大学大学院の学生など、若者が地域に入ってきてくれています。地域に若い人が増えていくなか、次世代育成プロジェクトを始めようという機運が高まっています。ドチャベンジャーズとしても、学びや教育に重点を置いた地域おこし協力隊を「教育フリースタイル協力隊」と名付けて募集しています。若い世代を巻き込んで世代交代を進め、現在の取り組みを持続可能なものにしていきたいと思います。

（山川） 町づくりの団体として立ち上げたジソウラボは、地元の2代目や3代目と呼ばれる若手経営者たちに、移住者であるわたしを加えた計7人で構成しています。取り組みの内容を端的にいえば、

「マッププロジェクト」と名付けた移住創業の伴走役です。わたし
たちは地方に企業を誘致する時代がもう終わったと考え、代わりに
地域に小さいなりわいを増やしていこうとしています。

　移住して創業した人に対して、「つながりを伴走する」「自立を伴
走する」「戦略を伴走する」の三つの伴走支援を提供しています。
地元の企業や農家とのつながりを紹介する。事業計画を一緒に立案
し、金融機関を紹介することで、自立を促す。最終的にはメディア
への PR などの戦略をサポートする。わたし以外は地元出身者です
から、地域の特性を生かしたサポートができるのです。

　Bed and Craft がメディアに取り上げられ、井波でもこうした事
業が成り立つことが明らかになりました。その結果、自分も移住し
たい、創業したいと考えている人が増えてきています。ただ、やは
りミスマッチは起きてしまいます。都会でキャリアを積み、専門性
を磨いて移住を決心しても、移住先で自分の力を生かせるか不安を
覚える人は少なくありません。その不安を乗り越え移住しても、結

局、地域に受け入れられず都会に帰ってしまうケースもあるのです。

　受け入れる地域側も、自身の問題点をみせていく必要があると思います。移住者を増やすための施策では、地域の魅力だけを伝えがちです。例えば富山だと魚がおいしい、といったようなことです。それだけでなく、地域にはこういう課題があるから解決してくれる人を探している、といった情報を発信することも大切だと思います。そうすることで、地域と移住希望者のより良いマッチングにつながっていくのではないでしょうか。

　例えば、井波には路面店のベーカリーが1軒もありませんでした。昔はありましたが、なくなってしまったのです。そこでベーカリーを開業してくれる人を募集すると、すぐ希望者が出てきました。「逆指名型」と呼んでいますが、こういう人が必要です、と地域側から発信するのです。

（司会） ジソウラボのメンバーにもやはり限界はあると思います。そのようなとき、単に伴走するだけではなく、専門家や金融機関につないでいく。このようにいろいろな人の力を集めて支援していくことが非常に大事だとわかりました。

　もう一つ重要だと感じたのは、地域の欠点を伝えることです。ベーカリーがないことは欠点ですが、逆にいえばビジネスチャンスでもあるわけです。欠点を含めた地域の情報をストレートに伝えていくことでミスマッチを防ぐことが大事だと、山川さんの話からみえてきました。

　さて、本日は「移住で夢を実現する起業家たち」をテーマにパネルディスカッションを進めてきました。山川さん、丑田さん、嵩先

生には、移住創業者、支援者、研究者というそれぞれの立場からお話をいただきました。本日の議論は、移住創業を目指す方やその支援者、移住者を受け入れたい地域の自治体や住民にとって、参考になるものだったのではないでしょうか。

　当研究所が実施したアンケートによると、中小企業経営者のうち52.6%が自分の代で事業をやめると回答しています。中小企業の廃業は全国的に非常に大きな問題ですが、地方ではより重大になってくると思います。廃業の影響を少しでも緩和するためには、新たな企業の誕生が欠かせません。その形態として、自分で一から企業を立ち上げるケースもありますし、他の事業を引き継ぐ継業のケースもあるでしょう。地方のなりわいを担うアントレプレナーを増やすことの重要性も、本日の議論からみえてきたと思います。移住創業者はポストコロナの地域を担う人材として、大いに期待できるのではないかと考えます。

　山川さん、丑田さん、嵩先生、本日はどうもありがとうございました。

【参考資料】

株式会社コラレアルチザンジャパン

CORARE ARTISANS JAPAN
■ コラレ アルチザン ジャパンとは…

日本の「RARE：稀な」職人と「CO：協同」する。昔ながらの技を現代に伝える職人たちと手を組むことで、今までにない体験を提供したい。私たちは、そんな想いで立ち上がりました。多分野のクリエイティブなメンバーが参画する本プロジェクトは、発起人の中国上海で活躍する若手建築家・山川智嗣をを中心に彫刻家、漆芸家、大工職人、染色家など多くの職人で構成されたプロフェッショナル集団によって生まれました。

CO:RARE

■ コラレの3大原則

職人を活かします

南砺市井波地域は彫刻師が200人を超える全国一の産業規模を誇る木彫刻産業地で、多くの伝統工芸品を生産しています。200本以上のノミや刀を駆使して仕上げられる彫刻は、国指定の伝統的工芸品に登録されています。「BED AND CRAFT」では、旅のメインイベントになるような、職人に弟子入りできるワークショップを企画。日頃なかなか実感できないものづくりの醍醐味を、現地で活躍する職人たちと一緒に享受することができます。

古民家を活かします

井波地域を含む、砺波平野には「アズマダチ」と呼ばれる多くの古民家が点在し、世界の集落100選にも選ばれた美しい風景の「散居村」が広がります。木材をふんだんに使った昔ながらの古民家を積極的にリノベーションし活用することで、当時建設に関わった職人から現在の職人へ、技術を継承するきっかけになればと考えています。

町を活かします

北陸浄土真宗の拠点として、600有余年の歴史を誇る名刹、瑞泉寺。富山県南砺市井波は、その門前町として栄えてきました。町の中心を貫く八日町通りの周囲には多くの彫刻工房が軒を連ね、あちらこちらから職人たちの振るう木槌の音が。また井波には、老舗の酒造場や蕎麦店、手作りの豆腐屋など地域から愛されるたくさんの店舗があり、そこで出会う地域の人々の優しさやおもてなしも、井波の大きな魅力です。

井波は、富山県南西部散居村で名高い砺波平野の南端に位置し、八乙女山の山麓に控えた歴史と自然あるのどかな寺町。1390年（明徳元年）、本願寺5代門主綽如上人が、この地に瑞泉寺を建立されたことに始まる。富山市内より車で30分、金沢市内より40分。

各社の資料から抜粋した。内容は2021年11月26日時点のものである。

一般社団法人ドチャベンジャーズ

＜著者紹介＞

桑本 香梨（くわもと かおり）

日本政策金融公庫総合研究所主席研究員
2004年早稲田大学法学部卒業、中小企業金融公庫（現・日本政策金融公庫）
入庫
調査部、総合研究所研究員を経て2021年4月より現職
主な論文に、「地域とキャリアを軸にした移住創業者に対する一考察」（『日本
政策金融公庫論集』2021年5月）、「準起業家の実態と起業の促進に果たす役
割」（同2020年2月）、「趣味起業家の実態と課題」（『2019年版新規開業白
書』）など

青木 遥（あおき はるか）

日本政策金融公庫総合研究所研究員
2015年学習院大学大学院政治学研究科修士課程修了、日本政策金融公庫入庫
堺支店、東京審査室を経て2019年6月より現職
主な論文に、「新規開業の動向と新型コロナウイルス感染症による影響─
「2020年度新規開業実態調査」結果を中心に─」（『日本政策金融公庫調査月
報』2021年5月号）など

移住創業と地域のこれから

2022年7月15日　発行

編　者	日本政策金融公庫 総合研究所
著　者	桑　本　香　梨
	青　木　　　遥
発行者	脇　坂　康　弘

発行所　株式会社同友館
〒113-0033　東京都文京区本郷3-38-1
本郷信徳ビル3F
電話 03（3813）3966
FAX 03（3818）2774
https://www.doyukan.co.jp/

ISBN978-4-496-05608-6　　　　　　Printed in Japan